Angelika Christiansen
Karin Linde
Heidrun Wendel

Mädchen Los! Mädchen Macht!

100 und 1 Idee
zur Mädchenarbeit

Votum Verlag 1991

Die Fotografien in diesem Buch sind der Ausstellung »Motiv Liebe« entnommen. Die Ausstellung ist das Ergebnis eines Fotoprojekts, während dessen ausschließlich Mädchen ein Jahr lang zu den Themen Liebe, Freundschaft, Sexualität diskutiert und fotografiert haben. Der Fotokatalog zur Ausstellung wird im Oktober 1991 im Votum-Verlag erscheinen.
Die Ausstellung ist kostenlos ausleihbar.
Informationen über:
VHS Recklinghausen
Gabriele Bültmann
Herzogswall 17
4350 Recklinghausen
Tel. 02361-50-2003

Die Deutsche Bibliothek – CIP-Einheitsaufnahme

Christiansen, Angelika:
Mädchen los! Mädchen macht! : 100 und 1 Idee zur
Mädchenarbeit / Angelika Christiansen ; Karin Linde ; Heidrun
Wendel. – 2., überarb. Aufl. – Münster : Votum-Verlag., 1991
ISBN 3-926549-53-X
NE: Linde, Karin:; Wendel, Heidrun:

1990 © VOTUM Verlag GmbH
    Studtstr. 20
    4400 Münster

2., überarbeitete Auflage 1991

Umschlag: Melanie Flood, Münster
Fotografien: S. 15, 24, 36, 50, 65, 90, 106 Gabriele Bültmann;
S. 46 Dorothee Grosse-Perdekamp; S. 56, 142, 155 Dunja Merten;
S. 78 Eva Stewen; S. 123, 129 Stefanie Solbach
Typografie: Ludger Buse, Münster
Satz: edition liberación auf PC mit dem
Programm OptiPage, Münster
Belichtung: Fuldaer Verlagsanstalt, Fulda
Druck: Druckwerkstatt, Münster

ISBN 3-926549-53-X

Teil C: Methoden

Vorwort

100 und 1 Idee für die Mädchenarbeit? Das ist noch untertrieben: Ganze 126 Vorschläge zur pädagogischen Arbeit mit Mädchengruppen sind zusammengekommen – nicht gezählt die vielen kürzer angegebenen Variationen!

Die Anregung zu diesem Praxisbuch kam von Dr. Gitta Trauernicht und Dr. Michaela Schumacher, beide Mitbegründerinnen der »Zentralstelle zur Förderung der Mädchenarbeit« im Institut für soziale Arbeit e.V. in Münster. Denn: Über die theoretische Seite von feministischer Mädchenarbeit ist schon viel geschrieben worden. Die praktische Seite jedoch wurde und wird wesentlich seltener beachtet, d.h. dokumentiert. Gute und wertvolle Anregungen werden meist nur mündlich weitergegeben und erreichen so nur wenige. Immer wieder sind wir gerade bei Fortbildungsveranstaltungen zur Mädchenarbeit deshalb auf ganz konkrete Vorschläge und Ideen – auf das »Wie« in der Praxis – angesprochen worden. Wir, die Autorinnen, haben zu diesem Buch Ideen gesammelt, Anregungen weiterentwickelt und unsere Erfahrungen zusammengetragen, die wir in folgenden beruflichen Zusammenhängen erlebt und entwickelt haben:

Angelika Christiansen hat Mädchenarbeit vor allem mit Pfadfinderinnen erprobt. Seit 12 Jahren ist sie Bildungsreferentin im Bund der Pfadfinderinnen und Pfadfinder, Landesverband NW.

Karin Linde hat Erfahrungen in der sexualpädagogischen und berufsorientierten Arbeit mit Mädchen. Sie hat Freizeiten und Seminare sowie zahlreiche Fortbildungsveranstaltungen für Mitarbeiterinnen zur Mädchenarbeit durchgeführt. Sie ist zur Zeit Projektentwicklerin mit Schwerpunkt Mädchenarbeit in der Jugendberufshilfe des Paritätischen Wohlfahrtsverbandes, Landesverband NW. Von 1987–1989 hat sie im Modellprojekt des Paritätischen Jugendwerkes »Qualifizierung zur Mädchenarbeit in der Jugendberufshilfe im Deutschen Paritätischen Wohlfahrtsverband – Landesverband NRW e.V.« als wissenschaftliche Mitarbeiterin gearbeitet.

Heidrun Wendel war in der Beratung und sexualpädagogischen Gruppenarbeit mit Jugendlichen im Rahmen eines Modellprojektes an der Universität Dortmund »Entwicklung und Erprobung sexualpädagogischer Arbeitshilfen für die Jugendarbeit« tätig. Sie führt im Institut für Sexualpädagogik Dortmund Fortbildungen für MitarbeiterInnen der Jugendarbeit durch.

Wesentlichen Anteil an der Diskussion, an Inhalten und Struktur unseres Buches hatte Dr. Michaela Schumacher, Mitautorin der Untersuchung »Mädchenarbeit in Häusern der Offenen Tür« in Nordrhein-Westfalen (vgl. MAGS 1986), der wir hiermit ein großes »Dankeschön« aussprechen möchten.

Intentionen

Erste Ansätze feministischer Mädchenarbeit wurden vor ca. 15 Jahren von Mitarbeiterinnen in der offenen Jugendarbeit initiiert und entwickelt (vgl. Savier/Wildt 1978). Studien zur Sozialisation von kleinen Mädchen (vgl. Belotti 1984) hatten den Blick geschärft: Mädchen werden weder von ihren Müttern (und Vätern) noch von Geschwistern, Verwandten, NachbarInnen oder LehrerInnen gleich stark gefördert wie Jungen. Im Gegenteil: Es werden entsprechend der traditionellen Rollenverteilung und der geschlechtsspezifischen Arbeitsteilung Unterschiede gemacht, die Mädchen in ihrer Entwicklung und ihren Chancen behindern und benachteiligen. Der 6. Jugendbericht (BMJFG 1984) sowie sich anschließende Untersuchungen zur Situation von Mädchen bzw. Mädchenarbeit in Nordrhein-Westfalen (MAGS 1986) und Hessen (Bevollmächtigte der Hessischen Landesregierung für Frauenangelegenheiten 1986) mußten auch für weibliche Jugendliche feststellen: Die Benachteiligung von Mädchen zieht sich durch alle gesellschaftlichen Bereiche. Für die Jugendarbeit bedeutet dies, daß sie eher Jungenarbeit ist, d.h. auf Mädchen ausschließend wirkt. Diese Vorwürfe konnte man nicht auf sich ruhen lassen (nicht zuletzt wurden Mädchen nun auch wegen rückläufiger Besucherzahlen in Jugendzentren interessant): Die Mädchenarbeit in der offenen Jugendarbeit weitete sich seit Anfang der 80er Jahre aus. Ähnliches geschah parallel in der Jugendverbandsarbeit. Die Initiative ging dabei meistens von Frauen, von Mitarbeiterinnen aus. Mehr und mehr gründeten Frauen auch eigene Träger (Vereine) von Mädchentreffs bzw. Mädchenräumen (vgl. Internationaler Bund für Sozialarbeit 1988). Zuletzt entstanden auch in den Jugendberufshilfeprojekten erste Ansätze zur Förderung von Mädchen und zur Entwicklung neuer Formen von Mädchenarbeit, z.B. in Jugendwerkstätten (vgl. Paritätisches Jugendwerk 1989).
Forderungen nach Änderungen der Architektur in Jugendzentren, z.B. zur Vermeidung von Laufsteg- und Nadelöhrgängen für Mädchen (vgl. MAGS 1986), sind vereinzelt von Kommunen (z.B. Düsseldorf) aufgenommen worden, um mehr Mädchen die Teilnahme an den Angeboten der Jugendarbeit zu ermöglichen.
Lokale Mädchenarbeitskreise in vielen Städten und z.B. die »Zentralstelle zur Förderung von Mädchenarbeit in NW« im Institut für soziale Arbeit in Münster formulierten ihre Forderungen, und vereinzelt sind bereits institutionalisierte Formen von Mädchenarbeit entstanden: So gibt es eine Mädchenbeauftragte in der Stadt Moers und zwei Beauftragte in Saarbrücken für das Saarland.
Parallel zu dieser Entwicklung der Veränderung von Strukturen wird mit diesem Praxisbuch der Versuch unternommen, die methodisch-didaktische Seite der pädagogischen Mädchenarbeit stärker zu berücksichtigen. »Mädchen Los! Mädchen Macht!« versteht sich also als Arbeitshilfe für den praktischen Alltag in Mädchentreffs und für Mädchengruppenarbeit in Jugendzentren, Häusern der Offenen Tür und auf Freizeiten, Bildungsurlauben und Seminaren. Wir haben versucht, in unseren Vorschlägen die Wünsche der Mädchen nach phantasievollen, Spaß-machenden Aktivitäten mit den Wünschen der Teamerinnen nach ›ernsthafter‹, themenorientierter feministischer Mädchenarbeit übereinzubringen. Wir wollen Mädchen wie Mitarbeiterinnen Mut machen, sich für ihre Interessen einzusetzen; wir wollen ermuntern zum Aktiv-sein, zum Stark-sein, zum Frau-sein und Selbst-sein. Wir wollen zeigen: Wenn Mädchen losgehen, dann können Mädchen Macht bekommen. Denn wir verstehen die pädagogische Praxis mit Mädchen als einen Teil von feministischer Frauenpolitik.

Zum Umgang mit diesem Buch

Die methodisch-didaktischen Hinweise in diesem Praxisbuch sind für die autonome oder geschlechtsspezifische pädagogische Gruppenarbeit mit Mädchen gedacht. Vorausgesetzt wird also, daß Mädchengruppen existieren. (Anregungen für das Initiieren neuer Mädchengruppen finden sich mittlerweile in mehreren Publikationen, z.B. Schlapeit-Beck 1987.) Darüber hinaus sind wir der Meinung, daß ohne thematischen Bezug Hinweise auf die Anwendung von pädagogischen Übungen, Spielen, kurz: Methoden, allein keinen Sinn machen. Deshalb wurden »das Thema Nr. 1 ›Sexualität‹« und das »Thema Nr. 2 ›Berufsorientierung‹« ausgewählt, anhand derer Gruppenarbeitsvorschläge entwickelt wurden. Die Auswahl dieser beiden Themenblöcke schien jedoch auch sinnvoll, um eine möglichst große Bandbreite verschiedener Lebenssituationen von Mädchen miteinbeziehen zu können.

In Teil A »Sexualität« hat Angelika Christiansen für 16 verschiedene Unterthemen insgesamt 55 verschiedene Spiele und Übungen entwickelt.

In Teil B »Berufsorientierung« stellt Karin Linde für zehn verschiedene Unterthemen, u.a. Hausarbeit, Lebensplanung und Förderung des technischen Interesses von Mädchen, insgesamt 32 verschiedene Gruppenarbeitsvorschläge vor.

In Teil C »Methodenbeschreibungen« gibt Heidrun Wendel zu den in Teil A und B häufig wiederkehrenden Übungen, Spielen u.a. (z.B. Rollenspiel) genaue Beschreibungen der Methoden und ihres pädagogischen Zwecks. Die einzelnen Methoden sind durchnumeriert. Auf sie wird im Text mit M + Nummer verwiesen. Vor allem zur Vorbereitung und zum Vorgehen der Teamerin(nen) werden hier weitere Hinweise gegeben. Aber auch in diesem Teil finden sich noch zahlreiche neue Ideen für die methodisch-didaktische Arbeit mit Mädchen.

Der Aufbau der einzelnen Gruppenarbeitsvorschläge in den beiden Themenblöcken A und B wurde nach einem Schema erstellt, das uns sinnvoll für jede pädagogische Arbeit erscheint: Zunächst wird zu jedem der einzelnen Unterthemen eine Einführung mit einigen grundsätzlichen Fakten und Fragestellungen gegeben, aus der die besondere Relevanz des Themas für die Mädchenarbeit ersichtlich werden soll. Daraus werden mehrere wesentliche Ziele für die Gruppenarbeit abgeleitet und formuliert, die in den anschließenden Beschreibungen zum Verlauf der Gruppenarbeit umgesetzt werden können. Das heißt: Nicht jeder Gruppenarbeitsvorschlag hat den Anspruch, alle formulierten Ziele gleichzeitig umzusetzen. Zum Teil werden nach diesen Beschreibungen weitere Ideen und Variationen dieser Gruppenarbeitsvorschläge angegeben, auf die dann jedoch nur kurz hingewiesen wird und die von der Teamerin bzw. den Teamerinnen alleine weiterentwickelt werden müssen. Zum Schluß jedes Vorschlags folgen Literatur- und Medienhinweise, die ein Vorbereiten bzw. vertiefendes Arbeiten ermöglichen; Bezugsquellen für Materialien und Filme werden ebenso angegeben, denn schriftliche, bildliche, akustische u.ä. Materialien, mit denen thematisch die Gruppenarbeit begonnen werden kann, müssen zusätzlich beschafft werden.

Die Formulierungen zum Ablauf der Gruppenarbeitsvorschläge sind in Teil A und Teil B unterschiedlich gehalten worden: So werden in der berufsorientierten Mädchenarbeit fast ausschließlich die Teamerinnen angesprochen, mit deren Hilfe die vorgeschlagene pädagogische Arbeit durchgeführt werden soll, während im Teil »Sexualität« auch öfter die Mädchen direkt angesprochen werden, da hier häufig Selbsterfahrungsübungen formuliert werden, die die Mädchen auch ohne Anleitung durchführen bzw. erleben können.

Abschließend möchten wir noch auf die grundsätzlichen Überlegungen hinweisen, die in den einleitenden Bemerkungen zu Teil C »Methodenbeschreibungen« angestellt werden, da wir eine unreflektierte Übernahme der vorgestellten Vorschläge nicht für wünschenswert und ohne zusätzliche Phantasie der einzelnen Teamerinnen eine Umsetzung der Vorschläge nicht für realisierbar halten.

Die Autorinnen, Mai 1989

Literaturhinweise

Belotti, Emelea, Was geschieht mit kleinen Mädchen, München ²1984

Bevollmächtigte der Hessischen Landesregierung für Frauenangelegenheiten (Hg.), Hessische Mädchenstudie, Bd. 1–4, Wiesbaden 1986

Bundesministerium für Jugend, Familie und Gesundheit, 6. Jugendbericht, Deutsche Bundestagsdrucksache 10/1007, Bonn 1984 (Bezug: BMJFG, Pressereferat, Kennedyallee 105–107, 5300 Bonn 1)

Internationaler Bund für Sozialarbeit (Hg.), »Oh, island in the sun ...« 10 Jahre Mädchentreff Frankfurt, Frankfurt 1988 (Bezug: IB-Mädchentreff, Hufnagelstr. 14, 6000 Frankfurt 1)

Ministerium für Arbeit, Gesundheit und Soziales des Landes NW (Hg.), Mädchen in Häusern der offenen Tür. Studie zur verbesserten Einbeziehung von Mädchen in die Angebote der offenen Jugendarbeit in NRW, Düsseldorf 1987

Paritätisches Jugendwerk (Hg.)/Linde/Trauernicht/Werthmanns-Reppekus, Offensive Mädchenarbeit in der Jugendberufshilfe, Münster 1989

Savier, Monika/Wildt, Carola, Mädchen zwischen Anpassung und Widerstand, München 1978

Schlapeit-Beck, Dagmar u.a., Mädchenräume, Hamburg 1987

Teil A: Sexualität

I. Einleitung

Zwischenmenschliche Beziehungen und Sexualität sind in unserer Gesellschaft immer noch Tabuthemen. Sie werden in die sogenannte Intimsphäre verbannt und sind somit als Privatsache nicht öffentlich. Die nicht private Sexualität präsentiert sich in Sexclubs, Sexkinos, Peepshows, auf dem Strich sowie in pornographischen Darstellungen und auch in den Klatschspalten der Boulevardpresse. Diese Verhältnisse machen es schwierig, in Kindergärten, Schulen oder auch in der außerschulischen Jugendarbeit das Thema »Liebe und Sexualität« unbesetzt zu behandeln. Noch schwieriger ist es jedoch für Mädchen, über Sexualität zu sprechen. Für sie kommt eine körperfeindliche Erziehung hinzu, die es ihnen schwermacht, sich mit ihrer beginnenden Pubertät aktiv auseinanderzusetzen. Sie müssen sich widersprüchlichen Anforderungen stellen: auf ihren Körper achten und ihn behüten und gleichzeitig besonders auf ihn aufmerksam machen, z.B. durch Mode, Kosmetik und Körpersprache.

Sexualpädagogische Mädchenarbeit heißt also z.B., positives Körperbewußtsein und Selbstbewußtsein zu schaffen sowie die Identitätsfindung und den Prozeß des Frau-Werdens von Mädchen zu unterstützen. In diesem Kontext kommt der Teamerin, die sich schon vorher kritisch mit der eigenen Geschlechtsrolle auseinandergesetzt haben sollte, eine wichtige Rolle zu: als Vorbild und als Identitätsfigur.

Im folgenden versuchen wir, Methoden und Wege aufzuzeigen, um mit Mädchen verschiedenster Altersstufen das Themenfeld Freundschaft, Liebe, Sexualität zu erschließen und zu behandeln. Diese von uns erprobten Methoden sind nicht wie Rezepte aus Kochbüchern zu handhaben. Wir setzen voraus, daß die Teamerin flexibel genug ist, die Vorschläge auf die eigene Arbeitssituation zu übertragen.

Wir wollen Gedankenanstöße geben und Mut machen, sich mit der eigenen Sexualität auseinanderzusetzen, um dann Mädchen und Frauen zu zeigen:

Wartet nicht –
auf Ermutigung.
Mutet Euch selbst etwas zu.
Wartet nicht –
auf die Trauung.
Traut Euch selbst etwas zu.
Wartet nicht.
(Brigitte Regler-Bollinger)

»Ich habe nur diesen einen Körper, egal, ob zu dick, zu dünn, zu klein, zu groß, und ich erlebe und erfahre alles nur mit und durch diesen, meinen Körper.«

Frauen, die zu sich stehen, die sich lieben, die wissen, was sie wollen: denen kann Mann nichts mehr vormachen.

II. Typisch weiblich? – Typisch männlich?

Solange wir leben, erleben wir uns in ständig wechselnden Rollen: in der Rolle des Mädchens, der Schülerin, Gastgeberin, Klassensprecherin, Mutter (Ehe-)partnerin, Kundin, Patientin. Die Dauer dieser Rollen ist nicht absehbar.

Aus unserer Geschlechtsrolle können wir nicht aussteigen. Die Geschlechtlichkeit ist angeboren. Wie wir unsere Geschlechtsrolle zu leben und zu gestalten haben, wird uns von klein auf gesellschaftlich vorgegeben und vermittelt. Wie wir als Mädchen zu denken, zu fühlen und zu handeln haben, wird uns mit System von Elternhaus, Kindergarten, Schule und Gesellschaft beigebracht.

Ziele

- Erkennen, daß nicht nur die Rolle, die uns von der Gesellschaft zugeteilt wird, sondern die Rolle, die wir bereit sind anzunehmen, unsere Hauptrolle ist.
- Erkennen, daß wir geschlechtsspezifische Verhaltensweisen und Einstellungen im Laufe des Sozialisationsprozesses gelernt haben, d.h. daß sie nicht natur- oder wesensgemäß vorgegeben sind.
- Erkennen, daß geschlechtsspezifische Normen und Festschreibungen definiert worden sind und deshalb auch veränderbar sind.
- Aufdecken, inwieweit weibliche Selbstentfaltungsmöglichkeiten durch Rollenvorgaben eingeschränkt und unterdrückt werden.
- Anregen, Normen zu überprüfen und gegebenenfalls ihre Überschreitung zu planen.

1. Ob Paula oder Liese – wollten meine Eltern eine Tochter?

Das folgende Rollenspiel dient dazu, die Funktion als Mädchen/Frau zu erkennen und sich bewußt zu machen, welche eigenen und fremden Einflüsse, Wünsche und Bedürfnisse unsere Erziehung geprägt haben. Folgende Fragen könnten das Rollenspiel strukturieren:

M 16: Rollenspiel*

- Wie war die Lebensplanung meiner Eltern für mich – habe ich sie angenommen?
- Ab wann habe ich selbst Einfluß nehmen können/Einfluß genommen?
- Wie lange bin (war) ich für meine Eltern »Mädchen« – ab wann galt ich auch für sie als »Frau«?

* In Teil C Erläuterung der ausgewiesenen Methode. Möglich wäre in diesem Zusammenhang auch eine Phantasieübung – als Rollenspiel, als schriftliche Äußerung oder als Bild:
Was wäre geworden, wenn ... ich in einer anderen Familie aufgewachsen wäre? ... ich die jüngste (älteste) Tochter gewesen wäre? ... ich in einem anderen Land geboren wäre? ... ich mein Bruder wäre? – Und was Euch sonst noch so einfällt.

2. Schuhe – oder: Worin begründen wir unser Stehvermögen?

In den folgenden Übungen geht es um die Erkenntnis, auf welche Weise wir uns selbst beeinflussen. Wer sind wir: Ballettmäuschen, Bauerntrampel oder die Frau, die mit beiden Beinen fest im Leben steht?

In der folgenden Übung sollen die Mädchen in unterschiedlichem Schuhwerk und mit unterschiedlicher Kleidung durch die Stadt gehen, um zu erfahren, daß nicht nur die Kleidung, sondern auch das Schuhwerk unseren Gang und unser *Auf*treten bestimmt.

Wenn die Möglichkeit dazu besteht, sollte »Der Gang durch die Stadt« fotografiert oder gefilmt werden. Durch die Dokumentation der verschiedenen Gangarten ist im anschließenden Gespräch das Thema *Steh*vermögen leichter diskutierbar.

3. Das kann doch wohl nicht wahr sein!
oder: Auf der Suche nach der (wahren, echten, richtigen) Frau!

In der folgenden Übung geht es um das Aufzeigen geschlechtsspezifischer Normen und um die Klärung der Frage, ob und inwieweit wir selbst Geschlechtsstereotypen unterliegen.

Aus diversen Zeitschriften (Sportzeitungen, Motorzeitungen, Broschüren des Arbeitsamtes und anderen verfügbaren Zeitschriften) werden Bilder von Personen ausgeschnitten. Diese Bilder zeigen Frauen und Männer in ungewohnten Situationen, z.B.: eine Frau, die eine Zigarre raucht, die ein Motorradrennen gewonnen hat, oder einen Mann, der Socken stopft, mit Kindern spielt usw.

In der anschließenden Diskussion können folgende Fragen eine Rolle spielen:

– Darf das eine Frau/ein Mann?
– Warum sind diese Tätigkeiten für die Geschlechter ungewöhnlich?
– Welche Eigenschaften werden mit dieser Tätigkeit verbunden?
– Was würden unsere Großmütter bzw. Großväter dazu sagen?
– Welche der dargestellten Personen wäre ich gerne – warum?

Eventuell können diese Aussagen auch auf einer Wandzeitung festgehalten werden.

Literaturhinweise

Sachverständigenkommission 6. Jugendbericht (Hg.), Reihe: *Alltag und Biografie von Mädchen. Lebensbedingungen, Probleme und Perspektiven weiblicher Jugendlicher in der Bundesrepublik heute:*
– *Hagemann-White, Carol,* Sozialisation: Weiblich – männlich?, Opladen 1984 (Bd. 1)
– *Gravenhorst, Lerke u.a.,* Lebensort Familie, Opladen 1984 (Bd. 2)
– *Bednarz-Braun, Iris/Burger, Angelika u.a.,* Vom Nutzen weiblicher Lohnarbeit, Opladen 1984 (Bd. 3)
– *Slupik, Vera/Schmidt-Bott, Regula u.a.,* Rechtliche und politische Diskriminierung von Mädchen und Frauen, Opladen 1984 (Bd. 4)
– *Schmerl, Christiane,* Das Frauen- und Mädchenbild in den Medien, Opladen 1984 (Bd. 5)
– *Mayr-Kleffel, Verena,* Mädchenbücher: Leitbilder für Weiblichkeit, Opladen 1984 (Bd. 6)
– *Fromm, Claudia u.a.,* Alltagsbewältigung: Rückzug – Widerstand, Opladen 1984 (Bd. 7)

- *Rentmeister, Cillie,* Frauenwelten – Männerwelten, Opladen 1985 (Bd. 8)
- *Kavemann, Barbara/Lohrtöter, Ingrid,* Sexualität – Unterdrückung statt Entfaltung, Opladen 1985 (Bd. 9)
- *Netzeband, Gisela/Preissing, Christa u.a.,* Mädchen in Erziehungseinrichtungen: Erziehung zur Unauffälligkeit, Opladen 1985 (Bd. 10)
- *Horstkotte, Angelika,* Mädchen in der Provinz, Opladen 1985 (Bd. 11)
- *Rosen, Rita/Stüwe, Gerd,* Ausländische Mädchen in der Bundesrepublik, Opladen 1985 (Bd. 12)
- *Diezinger, Angelika/Marquardt, Regine,* Weibliche Behinderte und Erwerbslose, Opladen 1985 (Bd. 13)
- *Hurrelmann, Klaus/Naundorf, Gabi u.a.,* Koedukation – Jungenschule auch für Mädchen?, Opladen 1986 (Bd. 14)
- *Bericht der Kommission,* Opladen 1988 (Bd. 15)

Aus der Rowohlt panther-Reihe:
Rheinsberg/Seifert, Unbeschreiblich weiblich – Text an junge Frauen
Das Rowohlt Lesebuch für Mädchen

Aus der Rowohlt rotfuchs-Reihe:
Maar, Mädchenbuch – auch für Jungen
Maar, Mädchen dürfen stark sein, Jungen dürfen schwach sein
Ladiges, Blaufrau (mit Anhang: Mädchen in sogenannten Männerberufen berichten)

Die kleine Hexe e.V., Mädchenlust, Mädchenfrust. Junge Frauen in der Pubertät, Weinheim und Basel 1987
Hoffmann, Christine, Koedukation – was heißt das schon?, Neuss-Holzheim 1990
Klees, Renate, Teil 1, Mädchenarbeit, Weinheim und München 1989
Sielert, Uwe, Teil 2, Jungenarbeit, Weinheim und München 1989

Medienhinweis

VHS Recklinghausen, Wanderausstellung und Dokumentation des Fotoprojekts für Mädchen »Motiv Liebe« (Bezugsquelle: VHS Recklinghausen, Herzogswall 17, 4350 Recklinghausen)

III. Schönheitsideale

Mädchen werden spätestens dann, wenn sie in der Pubertät sind, mehr und mehr nach ihrem Aussehen beurteilt. Äußerlichkeiten geben später aber auch bei der Partnersuche und nicht zuletzt im Beruf und bei der Berufseinstellung den Ausschlag. Andere Qualitäten wie z.B. Intelligenz, Humor, Geschicklichkeit, Durchsetzungsvermögen werden von Männern an Frauen immer noch nicht hoch geschätzt. Da viele Mädchen und Frauen den männlichen Blick auf ihre Körper introjiziert haben, ist es eher selten, daß sie mit ihrem Körper und ihrem Aussehen zufrieden sind.

Ganze Industrien (Werbung, Kosmetik, Pharmaindustrie) schüren diese Unzufriedenheit, um ihre »schönmachenden« Produkte zu verkaufen.

Besonders junge Mädchen, die fraulich bzw. erwachsen sein wollen, sind dem Druck ausgeliefert, Anerkennung durch ein schönes Äußeres bekommen zu müssen und dies an die erste Stelle zu setzen.

Ziele

– Verdeutlichen der herrschenden Schönheitsideale und ihrer Wandelbarkeit.
– Entwickeln einer positiven bzw. eigenen Einstellung zu sich und dem eigenen Körper.

1. Spieglein, Spieglein an der Wand – waren es die Schönsten im ganzen Land?

M 24: Besuche und Erkundungen

Mit einem Besuch der Mädchengruppe in einem Museum (Gemälde aus mehreren Jahrhunderten) kann insbesondere der Wandel der Körperideale erlebt werden. Die Teamerin oder ein/e Museumspädagoge/in sollte auf die unterschiedlichen Schönheitsideale der letzten Jahrhunderte noch einmal extra hinweisen, um die zum Teil gegensätzlichen Auffassungen zu verdeutlichen.

Fragen für Diskussionen im Museum wären:
– Was ist eigentlich Schönheit – für mich, für andere (z.B. Werbung, Industrie, Kunst)?
– Gibt es das »unvergänglich Schöne«?
– Gibt es kulturelle Unterschiede?
(Interessant könnte eine Diskussion mit einer gemischten Gruppe von deutschen und ausländischen Mädchen sein!)

2. Hey, meine Mutter war ein Hippie!

In einer gemeinsamen Gesprächsrunde von Müttern und Töchtern können einerseits die Mütter mehr Verständnis für ihre Töchter entwickeln, wenn sie an ihre eigene gute alte Zeit zurückdenken. Andererseits wird den Mädchen deutlich, daß schon die Probleme ihrer Mütter um das Thema Aussehen kreisen.

Mögliche Fragen könnten sein:

- Was gehörte zu den Schönheitsidealen, als unsere Mütter so alt waren wie wir jetzt?
- Was haben sie auf sich genommen, um »schön« zu sein?
- Wie haben ihre Eltern und die Umwelt darauf reagiert?
- In welcher Hinsicht gibt es Unterschiede und Gemeinsamkeiten?

3. Wer schöner ist als ich – muß geschminkt sein

M 18: Darstellungsspiele (Theater, Pantomime, Schminkspiele)

Da Mädchen häufig sehr großes Interesse für Kosmetik und Schminkutensilien zeigen, sollten sie auch lernen, damit umzugehen.
Beim Schminken erfahren wir, wie wir uns mit Farbe verändern können. Überlegt, welche Rolle Ihr darstellen wollt – Vamp, Katze, Hexe, alte Frau, Tingelgirl. Jetzt versucht Euch entsprechend zu schminken.
Ergänzende Idee: Besucht im Theater einmal die Maskenbildnerin und laßt Euch in ihre Künste einweisen. Oder: Wenn ein deutliches Interesse in Eurer Gruppe daran besteht, selbst Cremes, Lidschatten, Lipgloss u.ä. herzustellen, verwendet dazu die natürlichen Materialien.
*** Beachtet für diesen Tip die Literaturhinweise! ***

4. Und wenn ich nicht mehr weiter weiß – frage ich Frau Irene

Kleider machen zwar Leute – aber reicht das allein? Eine positive Einstellung sich selbst und dem eigenen Körper gegenüber ist schon notwendig, um Schönheit nach außen strahlen zu lassen.
Aus den bekannten Frauenzeitschriften werden die Rubriken »Mach das Beste aus Deinem Typ – Redakteurinnen beraten Leserinnen« herausgesucht.
Anschließend könnte über folgende Fragen diskutiert werden:
- Wie sehen die Mädchen/Frauen vorher und nachher aus?
- Wie schaffen es die Zeitungsmacher, daß die Frauen auf den »Vorher-Fotos« manchmal so trist und traurig aussehen?
- Wie kommt es, daß Frauen/Mädchen sich an fremde Redaktionen wenden?
- Warum werden keine Männer beraten?

5. Weißt Du, daß Du schön bist? Ich wollte Dir immer schon mal sagen, daß ...

Um das Selbstbewußtsein von Mädchen zu stärken, sollten sie sich gegenseitig Komplimente machen, sagen, welche Eigenschaften sie bei den anderen Mädchen schätzen. Dies kann in einer vertrauten, größeren Runde geschehen oder in einem Zweiergespräch.

M 7: Bildcollagen

Hübsch oder häßlich, schön oder aufregend, fremd oder interessant? Per Collagen tauschen die Mädchen in einer Gruppe ihre bildlichen Meinungen aus.
Im anschließenden Gespräch (Collagenauswertung) sollten folgende Fragen besprochen werden:
– Wo sehe ich mich selbst in diesem Kreislauf?
– Welche finanziellen Interessen haben Industrie und Werbung?
– Wann gebe ich mich diesem Schönheitsdiktat hin?
– Wer diktiert, was schön ist?

Literaturhinweise

Wohlers/Fuchs/Becker, Die geheimen Verführerinnen: Frauen in der Werbung, Berlin 1986
Schenk, Judith, Kosmetik – Gift im Gesicht, Mühlheim 1986
Kosmetik selbst herstellen (beachtet dazu die Reihe der Hobbythek im WDR)

Medienhinweise

Diareihe:
Rentmeister, Cillie, »Wer hat die Hosen an?« Vierzig Jahrtausende Körper, Kleidung und Geschlechterkampf, Berlin 1980 (Diareihe und Broschüre über: Landesbildstelle Berlin oder Sozialistisches Bildungszentrum, Haardgrenzweg, 4353 Oer-Erkenschwick)
Feministisches Gesundheitszentrum e.V. (FFGZ), »Unbeschreiblich weiblich«, Nürnberg 1986

IV. Freundinnen

»Mädchen gehen in ihren Freundschaften intensive Zweierbeziehungen ein. Sie suchen eine Freundin, der sie ihre Gedanken, Gefühle und Geheimnisse anvertrauen können. Sie schließen Schutz- und Trutzbündnisse gegen die Erwachsenenwelt und gegen die Hänseleien und Aggressionen der Jungen. Zu zweit trauen sie sich, Sachen auszuprobieren, die sie sich allein nicht so ohne weiteres zutrauen würden. Sie lernen sich in diesen Freundschaften selber kennen und wichtig zu nehmen, indem sie sich bestätigen, daß sie schön sind oder frech, daß sie tolle Ideen haben und eine große Zukunft. Sie fühlen sich stark zusammen, schimpfen über die Eltern oder über die Schule, tun Dinge, die sie immer schon tun wollten, wie z.B. Schule schwänzen, abends nicht nach Hause kommen, vielleicht sogar mal was klauen, um die von den Erwachsenen gezogenen Grenzen zu erproben, zu überschreiten und zu zeigen, daß sie keine kleinen Kinder mehr sind« (Kavemann u.a. 1985, S. 103f).

In der Pubertät und mit der Vermittlung der heterosexuellen Normen erfahren die Mädchen, daß es eine Hierarchie der Beziehungen gibt: Die Beziehungen zu Jungen bekommen von anderen und schließlich von den Mädchen selbst einen höheren Stellenwert als die Beziehungen zu Freundinnen – egal wie frustrierend der heterosexuelle Beziehungsalltag abläuft. Gleichwohl bleiben Mädchenfreundschaften deshalb wichtig, »um jemanden zu haben, der einen versteht und dem man auch seine Schwächen zeigen kann. Aber diese Qualität gilt nicht viel, sowenig wie der gesamte Bereich der alltäglichen weiblichen ›Beziehungsarbeit‹. Die gesellschaftliche Nachgeordnetheit der Fähigkeit von Frauen in der Reproduktionssphäre, die Mädchen bei ihren Müttern erleben, erfahren sie selbst über die Entwertung ihrer Mädchenfreundschaften« (Kavemann u.a. 1985, S. 112).

Ziele

- Abklären der Bedeutung von Freundschaften zwischen Mädchen in verschiedenen Lebensphasen.
- Mut machen, zu den Freundinnen und deren Bedeutung für das eigene Leben zu stehen.
- Bestärken, eigene Interessen und Wünsche auch in der Beziehung zu einem Mann/Freund aufrechtzuerhalten bzw. zu entwickeln.
- Kennenlernen von verschiedenen Lebensentwürfen, d.h. heterosexuellen wie lesbischen Beziehungen, und Problematisieren der Diskriminierung von homosexuellen und lesbischen Liebes- und Lebensformen.

1. Freundin werden ist nicht schwer, Freundin bleiben dagegen sehr

M 12: Metapherübungen

Schulfreundinnen, beste Freundin, Clique, Brieffreundin: Fast jedes Mädchen hat eine eigene Freundschaft unter »Frauen« erlebt. Welche Bedeutung diese haben, könnt Ihr in einer Metaphernsammlung ausdrücken.
Zum Beispiel:
- Meine Freundin ist für mich wie eine rettende Insel im wilden Ozean.

– Meine Freundin ist für mich erfrischend wie ...
– Meine Freundin ist für mich prickelnd wie ...
– Meine Freundin ist für mich ...

In der anschließenden Auswertungsdiskussion kann die Teamerin mit den Mädchen Probleme herausarbeiten, die sich aus dem Verlust (wegen einer Freundschaft zu einem Mann) eines Freundinnenkreises ergeben können und zu einem Verhalten ermutigen, die eigenen Interessen weder zu leugnen noch aufzugeben.

2. Wir halten es fest – in Bild und Ton

M 22: Filmreportage
M 26: Spurensicherung

Da Mädchen in der koedukativen Arbeit in Jugendzentren etc. von Jungen oft von den Geräten (Flipper, Video, Computer) ferngehalten werden, sollte der Umgang mit »neuen Medien/ neuen Techniken« in der Mädchenarbeit selbstverständlich integriert und forciert werden. Dazu ist eine Videoreportage bei einer *Spurensicherung* im Lebenslauf von Freundinnen ideal geeignet.
Methode der Spurensicherung: *Videoreportage*. Themenbeispiele:
– Die Welt, in der ich mit meiner Freundin lebe.
– Was uns wichtig ist.
– Was wir lieben.
– Was wir nicht mögen.
– Was wir uns bisher geschaffen haben.
– Wofür wir uns zur Zeit besonders einsetzen.

3. Sie bleibt meine Freundin

Anhand eines aktuellen Musiktitels (Beispiel: Anne Haigis) sollen sich Mädchen ihre unterschiedlichen Erwartungen und Verhaltensweisen gegenüber einer Freundin bzw. eines Freundes bewußt machen:
– Welche Erwartungen habe ich an meine Freundin, an den Freund?
– Wer ist mir wichtig: Freund, Freundin, Clique (in diesem Zusammenhang abklären, was es bedeutet, Freundschaften zu pflegen)?
– Wie zufrieden bin ich mit meiner Freundin/meinem Freund?
– Wie verläuft eine Auseinandersetzung mit Mädchen?
– Welche Bedeutung hat Konkurrenz?
– Wie setze ich mich mit Jungen auseinander?
– Was heißt das: Mit Freundinnen über Jungs reden – mit dem Freund über ??? reden?
– Warum hat er was gegen meine Freundin, wie verhalte ich mich beiden gegenüber?

Anne Haigis: Meine Freundin

Du kamst und du warst für mich wie ein Magnet
und ich fühl' mich auch echt bei dir wohl,
doch es gibt einfach das, was ein Mann nicht
versteht, und sie ist der Gegenpol.

Also bohr' nicht, warum ich so oft bei ihr bin,
ich geh' halt heute abend zu ihr.
Und glaube, selbst du kriegst das nicht hin,
daß ich sie aus den Augen verlier'.

Heut' seh' ich sie. Ich will dafür kein Alibi. (2 ×)
Nimm sie bitte hin, weil ich für sie bin,
sie ist meine Freundin. (3 ×)

Mit ihr hab' ich Schlösser in Wolken gebaut
und den Märchenprinz darin gesucht.
Mit ihr hab' ich dann die Enttäuschung verdaut
und auf alle Männer geflucht.

Sie hat einen Namen, also nenn' sie nicht »die«.
Laß ihr Bild steh'n auf meinem Regal.
Komm, sprich bitte auch nicht mehr schlecht über sie
und stell mich nie vor die Wahl.

Heut' seh' ich sie. Ich brauch' dafür kein Alibi.
Nimm sie bitte hin, weil ich für sie bin,
sie bleibt meine Freundin. (2 ×)

Für Mädchen:
1. Anne Haigis: Sie ist meine Freundin
2. Ina Deter: Frauen kommen langsam, aber gewaltig

4. Gemeinsam sind wir unausstehlich

Erfahrungen und Erlebtes sind die eine Sache – Wünsche aber können erst dann Wirklichkeit werden, wenn ich sie meiner Freundin mitgeteilt habe.

M 8: Malaktion

Geschichten erzählen, aufschreiben oder zeichnen zu dem Thema:
– Was ich mit meiner Freundin schon alles erlebt habe. Oder:
– Was ich gerne mit meiner Freundin erleben möchte.
Der Phantasie sind keine Grenzen gesetzt.

5. Es muß nicht gleich 'ne Prinzessin sein

Über eine Collage können Mädchen sich Klarheit verschaffen, welche Wünsche, Ansprüche, Hoffnungen und Träume sie haben und welche Bedeutung die Freundin hinsichtlich dieser Vorstellungen hat.

M 7: Bildcollage

Collagen herstellen: Die Themengestaltung richtet sich nach Alter und Interesse der Mädchengruppe. Mögliche Themen wären:
– Wie soll meine Freundin aussehen?
– Was soll meine Freundin besitzen, mitbringen?
– Welche Erwartungen, Wünsche, Ängste, Hoffnungen habe ich? Lebensplanung ...
– Brauche ich eine Freundin als Alibi? Wenn ja, für was?
– Bin ich auf jemanden eifersüchtig?

Literaturhinweise

Benard, Cheryl, Alles Gute zum Muttertag, in: *Dunde, Siegfried Rudolf (Hg.)*, Geschlechterneid – Geschlechterfreundschaft, Frankfurt 1987
Kavemann, Barbara u.a., Sexualität – Unterdrückung statt Entfaltung, Opladen 1984
Die kleine Hexe e.V., Mädchenlust, Mädchenfrust, Weinheim und Basel 1987
Come out. Gespräche mit lesbischen Frauen, München 1978
Califia, Pat, Sapphistrie. Das Buch der lesbischen Liebe, Berlin 1985
Geiger, Ruth-Esther, Eine, die mich wirklich kennt, Reihe: Rowohlt panther
Bloem, M., Es muß aber geheim bleiben. Zwei Freundinnen kriegen was raus über Liebe und Leben, Reihe: Rowohlt rotfuchs

Medienhinweis

LP Anne Haigis

V. Mein Körper – Anatomie

Der Einfluß einer jahrzehntelangen körperfeindlichen Erziehung wirkt sowohl bei den Mädchen als auch noch bei Müttern, Erzieherinnen und Lehrerinnen nach. Die prüden Moralvorstellungen können sicher nicht von heute auf morgen abgelegt werden. Wir müssen gemeinsam lernen, mit uns und unserem Körper bewußt umzugehen. Wer um den eigenen Körper weiß, ist vertraut mit ihm und geht liebevoller und lustvoller mit ihm um. Mit einem positiven Körpergefühl wächst auch die eigene, innere Sicherheit, die sich wiederum positiv auf unser Leben auswirkt.

Ziele

– Kennenlernen des eigenen Körpers, seiner Organe und ihrer Funktionen.
– Sicherheit gewinnen im selbstbestimmten Umgang mit dem eigenen Körper, z.B. in der Paarbeziehung oder Ärztin-Patientinnenbeziehung.
– Sensibilisieren für eigene körperliche Bedürfnisse und üben, Gefühle mit Worten benennen zu können.

1. Who is who?

Wenn wir über den Bau und die Funktion unserer Organe Bescheid wissen, lernen wir uns und unseren Körper schneller und besser kennen. Anhand von Abbildungen des weiblichen Körpers (kostenlos von Firmen, die Hygieneartikel herstellen, als Werbematerial zu bekommen) erläutern wir Lage und Funktion einzelner Körperteile.

M 8: Malaktion

Eigene Bezeichnungen können gefunden und mit kleinen Kärtchen den einzelnen Organen zugeordnet werden.
Oder: Auf einem großen Plakat malt sich jede in Umrissen selbst und fügt die eigenen Bezeichnungen für die Geschlechtsteile hinzu.

2. Auf Entdeckungsreise durch meinen Körper

M 5: Körper- und Entspannungsübungen

Wenn Mädchen Vorkenntnisse über ihre Anatomie haben, besteht die Möglichkeit der Phantasiereise durch den Körper, die jedoch nur durch eine erfahrene Teamerin angeleitet werden sollte.
Auswertungsfragen sollen sich ausschließlich auf den Gefühlsbereich beziehen, um für eigenes Empfinden zu sensibilisieren und um zu lernen, Gefühle artikulieren zu können.

Literaturhinweise

Bell, Ruth u.a., »Wir werden, was wir fühlen – Ein Handbuch für Jugendliche über Körper, Sexualität, Beziehungen«, Reinbek 1982
Hanswille, Reinert, Liebe und Sexualität. Ein Buch für junge Menschen, München 1986
Hanswille, Reinert, Fragen zum Sex. Antworten für junge Leute, München 1989
Mc Bride, Will/Herrath, Frank/Sielert, Uwe u.a., Zeig mal Mehr! Ein Bilder- und Aufklärungsbuch über Sexualität. Für Jugendliche und Erwachsene, Weinheim und Basel 1988
Philipps, Ina, Körpersprache der Seele. Übungen und Spiele zur Sexualität, Wuppertal 1989

VI. Sexualität und Sprache

Über Sexualität zu sprechen ist schwer, weil
– wir nicht gelernt haben, frei und ohne Ängste oder Bedenken darüber zu reden;
– die Begriffe, mit denen über Sexualität und Geschlechtsorgane gesprochen wird, unattraktiv, verwissenschaftlicht oder funktionalisiert sind;
– der Begriff oft nur als Synonym für Geschlechtsverkehr benutzt wird.

Aber wie können wir reden? Wie Begriffe finden für sonst nie erwähnte Körperteile oder unsere Lust? Sollen wir weiterhin sprachlos bleiben oder aus Scham nicht darüber reden, weil es uns und unseren Gesprächspartnerinnen peinlich ist?

Es gibt natürlich Situationen, in denen Sprache überflüssig ist. Hier jedoch ist die Rede von Situationen, in denen es wichtig ist, sich artikulieren zu können.

Ziele

– Überwinden der Scham, um liebevoll, aber auch lustvoll und angstfrei über unseren Körper und unsere Geschlechtlichkeit reden zu können.
– Bewußtmachen der Ungenauigkeit und Mehrdeutigkeit der Sprache im Bereich der Sexualität.
– Bemühen, das Schweigen zu überwinden in Situationen, die eher verstummen lassen.

1. Wenn ich die Sprache finde – finde ich auch meinen Körper

Ein Erfahrungsaustausch über gewohnte, gehörte oder fremde Begriffe zum Thema Sexualität soll die eigene Sprachlosigkeit überwinden helfen.

M 8: Malaktion

Auf einem Bogen Papier malt jedes Mädchen – so gut es es kann – sowohl den Körper einer Frau als auch den eines Mannes.

Neben die Zeichnung schreiben die Mädchen alle die Begriffe, die ihnen zu den ihnen bekannten Körperteilen einfallen.
– Gibt es Begriffe, die nicht allen Beteiligten gefallen?
– Welche Worte werden bevorzugt benutzt?
– Gibt es Vorurteile und warum?

2. Eindeutig oder zweideutig?

Aus Film- und Fernsehzeitschriften wählt die Teamerin Beziehungsbilder aus, die von den Mädchen als Situationscomic oder als Bildergeschichte mit Sprechblasen versehen werden. Thema ist die Problematisierung begrifflicher Mehrdeutigkeit, vor allem im Beziehungs- und Sexualitätsbereich.

Eindeutig ist nicht zwei-, sondern mehrdeutig. Dies sollte bei dieser Übung klar heraus-
kommen – und was vielleicht noch wichtiger ist: Es kann hier festgelegt werden, wie der
Umgangston in der Gruppe sein soll. Welche Bezeichnungen stoßen die Mädchen ab, welche
sind akzeptiert, welche angenommen?
Notiert in einer Liste die Worte, die ihr in den verschiedenen Situationen benutzt. Danach
tragt in die Wandzeitung ein, was jeder von Euch eingefallen ist.
Anschließend können diese Ergebnisse als Gesprächsgrund dienen. Während des Gespräches
sollte herausgearbeitet werden, daß je nach situativem Kontext andere Begriffe gewählt werden und daß Ungenauigkeiten und Mehrdeutigkeiten es uns schwermachen, uns zu verstän-
digen.

3. Ich sehe, was Du denkst ...

Je nach Alter der Teilnehmerinnen kann ein Comic von Schicky Maus, Asterixa oder Hägia
genommen werden. Mit Tipp-Ex o.ä. werden aus den Sprechblasen die Texte entfernt. Neu
kopiert ist dann die Fläche frei für flotte, neue Sprüche oder für das, was Mädchen nur denken, aber nicht zu sagen wagen. Versucht, eine Unterhaltung der Figuren mit Ausdrücken
der gängigen Umgangssprache zu entwerfen. Je nachdem, wie sprachgewandt die Mädchen
sind, kann hier frei gestaltet werden. Es können aber auch einzelne Worte vorgegeben werden, die im Text erscheinen sollen.

VII. Körpersprache

Körpersprache ist die lautlose Sprache unseres Körpers. Sie äußert sich in allen unseren körperlichen Bewegungen: in der Art, wie wir sitzen, stehen, gehen, liegen, aber auch in unserer Mimik und unseren Gebärden, die nicht mit gesprochenen Worten in Verbindung stehen. Marianne Wex (1979, S. 5) stellt fest: Zwischen den meist unbewußten alltäglichen Körperhaltungen und den bewußt eingenommenen Posen auf Werbefotos, Plakaten und in anderen Medien gibt es keine Unterschiede. Zwischen dem, wie Frauen und Männer sich gebärden, bestehen grundsätzlich Unterschiede. Mit Hilfe von Skulpturen aus früheren Jahrhunderten erforschte sie die historische Entwicklung der Körpersprache und kam zu dem Ergebnis, daß es noch bis ins 13. Jahrhundert hinein keine geschlechtsspezifischen Unterschiede gab.

Ziele

– Erkennen, daß es eine weibliche und eine männliche Körpersprache gibt.
– Stärkung der Selbstwahrnehmung.
– Erkennen und Bewerten des eigenen Verhaltens als Mädchen/Gruppe.
– Entdecken des eigenen Platzes in einer Gruppe.

1. Achtung, Kamera! Haltung annehmen!

Von den Teilnehmerinnen der Mädchengruppe wird zu Beginn eines Treffens ein Sofort-Foto (Polaroid) gemacht. Entweder in zufälligen Gruppierungen oder in einer gestellten Gruppenaufnahme. Auf jeden Fall soll von jedem Mädchen ein Foto gemacht werden.
In der anschließenden Gruppenarbeit werden dann diese Fotos mit entsprechenden einer Jungengruppe verglichen und ausgewertet. Auswertungsfragen könnten sein:
– Wie stehen wir, wie sitzen wir?
– Wie stehen wir zueinander – sind wir abgewandt?
– Wer steht vorne, wer versteckt sich?
– Wie stehen einzelne? Wie ist ihre Haltung: gebückt oder aufrecht?
– Erkennen wir, wer miteinander befreundet ist?
– Wie erlebe ich mich in einer Gruppe Gleichgesinnter?
– Wann fühle ich mich in einer Gruppe wohl, wann nicht?
– Welche Unterschiede gibt es (offensichtlich) zu fotografierten Jungengruppen?

2. Sehen und gesehen werden, oder:
Gezielte Beobachtungen an/auf belebten Plätzen

Die kontrollierte Beobachtung von Unbeteiligten kann zur Klärung der Frage beitragen, wie wir uns als Mädchen/Frauen verhalten. An Haltestellen, in Cafés oder Restaurants kann das Auftreten anderer Menschen verfolgt werden:
– Wie sitzen die weiblichen/männlichen Gäste auf dem Stuhl? Auf der Stuhlkante?
– Wie verhalten sie sich zu ihrem Gegenüber?

- Wie gehen sie mit der Bedienung um?
- Wo sitzen Verliebte, wo sitzen Geschäftspartner/innen?
- Wieviel Platz (Raum) nehmen Frauen bzw. Männer ein?
- Warum machen sich Frauen immer so klein?

3. Frauen, hört die Signale

Da Mädchen durch eine körperfeindliche Erziehung oft verlernt haben, die Signale ihres Körpers wahrzunehmen und zu beachten, ist es wichtig, daß sie ihre Körpersprache verstehen lernen.
Körperbezogene Redensarten und Sprichwörter vermitteln uns Wissen über unseren Körper. Zum Beispiel:
- Blind vor Wut sein.
- Das liegt mir im Magen, das schlägt mir auf den Magen.
- Sich etwas von der Leber reden.
- Den Schalk im Nacken haben.
- Das fährt mir in die Knochen.
- Mir sitzt die Angst noch im Nacken.
Wenn genügend Sätze von Mädchen auf einem großen Bogen gesammelt oder auf die Wandzeitung geschrieben sind, versucht jedes Mädchen, einen dieser Sätze bildlich darzustellen. Malt auf, was Euch im Magen liegt, was Euch durch den Kopf geht; oder malt auf, was nicht mehr runtergeschluckt werden kann, was Ihr nicht riechen könnt, nicht sehen, nicht anfassen, nicht hören wollt.
Als Variation – und wenn die Gruppe gut aufeinander eingespielt ist – versucht, diese Gefühle in Pantomime (M 18: Darstellungsspiele) umzusetzen.

4. He, Du da, Alte, Dich mein' ich

Anmache wird oft zum Spießrutenlauf. Dabei kann Körpersprache bei den einen bedrohlich und aggressiv, bei den anderen ängstlich und zurückhaltend sein. Damit Mädchen in Gedanken und körperlich selbstsicherer werden, können sie in der folgenden Übung »Körpersprache – Anmache – Spießrutenlauf« experimentell die Wirkung ihrer Körpersprache überprüfen.
Die Mädchen stellen sich in zwei Reihen einander gegenüber auf und bilden eine Gasse. Ein Mädchen beginnt nun damit, langsam von einem Ende der Gasse zum anderen Ende der Gasse zu schreiten. Dabei hebt es den Kopf und schaut geradeaus bzw. schaut die anderen Mädchen an. Diese erwidern den Blick und achten dabei auf die Körpersprache (Mimik, Gestik etc.) des vorbeischreitenden Mädchens. Anschließend berichtet das Mädchen über ihre Selbstwahrnehmung:
- Wie habe ich mich gefühlt?
- War es mir angenehm/unangenehm?
- Wie verhalte ich mich normalerweise in solchen Situationen?
- Wie möchte ich mich verhalten?
Danach erfolgt die Rückmeldung der Beobachterinnen:

- Welchen Gesichtsausdruck habe ich/haben wir wahrgenommen?
- Welche Körperhaltung?
- Was war mit den Händen?

Der Durchgang wird mit anderen Mädchen wiederholt. Mögliche Varianten sind:
- Die Beobachterinnen zeigen mit dem Finger auf das durchgehende Mädchen.
- Die Beobachterinnen flüstern miteinander.
- Die Beobachterinnen sprechen (pöbeln) das Mädchen an.
- Die Beobachterinnen rempeln das Mädchen an.
- Die Beobachterinnen streicheln das Mädchen (positive Zuwendung zum Schluß der Übung).

Literaturhinweise

Gudjons, Herbert, Praxis der Interaktions-Erziehung, Bad Heilbrunn/Obb. 1978, S. 115–116
Trömmel-Plötz, Senta, Frauensprache – Sprache der Veränderung, Frankfurt 1982
Wex, Marianne, »Weibliche« und »männliche« Körpersprache als Folge patriarchalischer Machtverhältnisse, Hamburg 1979

VIII. Menstruation

Das Wort Menstruation kommt aus dem Lateinischen und bedeutet soviel wie Monat. Was ein natürlicher Körpervorgang ist, ist als Gesprächsthema unangenehm. Es fällt schwer, darüber zu reden. Dadurch fühlen sich viele Mädchen und Frauen alleingelassen und glauben, die Probleme und Schwierigkeiten, Schmerzen und Unannehmlichkeiten seien ein subjektives Problem. Nicht zuletzt gibt es immer noch eine Menge Vorurteile über menstruierende Frauen, von denen sich Mädchen und Frauen freimachen sollten.

Ziele

- Lernen, über die Monatsblutungen als natürlichen Körpervorgang zu sprechen.
- Ergründen der bestehenden Tabus und der Ursachen ihrer Dauer.
- Abbau von Vorurteilen, Austausch von Erfahrungen über den Verlauf und die Befindlichkeit während der »Tage«.
- Informieren über Hilfsmittel zur Schmerzlinderung und Hilfen geben im Umgang mit dem eigenen Körper während der »Regel«.

1. Evas Erbe – Sammlung von Mythen und Geschichten

Um alte oder noch vorhandene Tabus und ihre Entstehungsgeschichte über menstruierende Frauen aufzudecken und die Funktion solcher Tabus in einer patriarchalischen Gesellschaft bewußt zu machen, können Gespräche mit älteren Frauen sehr hilfreich sein (Großmüttergeneration). Uralte Bücher, Lexika und andere Nachschlagewerke können ebenso hinzugezogen werden, um zu prüfen, ob und vor allen Dingen was zum Thema Menstruation aufgeschrieben wurde.
Überprüft Vorurteile nach ihrer Berechtigung, z.B.:
- »Kein Kuchen gelingt.«
- »Die Dauerwelle hält nicht.«
- »Sport ist gefährlich.«
Läßt sich nach all dem, was hier in Erfahrung gebracht wurde, eine Geschichte schreiben oder ein Hörspiel herstellen?

2. Der Augenblick des Mondes – Gesprächskreis

Um die Tabus zu überwinden, um eine natürliche Einstellung der Mädchen zu ihrem Körper zu fördern und um das Wissen über die im Körper ablaufenden Prozesse auszutauschen und zu erweitern, setzen sich die Mädchen zu einem Erfahrungsaustausch zusammen:
1. Wie ist die Umgangssprache der Mädchen, wenn es um die Menstruation geht? Die Mädchen legen eine Sammlung der Begriffe an.
2. Wie und von wem wurde (möchte) ich auf die Menstruation vorbereitet (werden)?
3. Welche Vor- und Nachteile habe (hätte) ich durch meine Menstruation? Wie nutze ich meine »Tage« aus?

3. Angenehm oder unangenehm? Eine Diskussionsrunde

M 13: Diskussionsspiele

Es bilden sich zwei Diskussionsgruppen. Die eine Mädchengruppe vertritt die Auffassung, daß es sie mit Stolz erfüllt, jeden Monat zu menstruieren. Die andere Gruppe leidet unter der Menstruation und zählt nur ihre Nachteile auf.
Anschließend erfolgt die gemeinsame Auswertung der vertretenen Argumente.

4. Verflixt ... Es muß doch mal gesagt werden

M 16: Rollenspiel

Mutter und Tochter: Ein Mädchen spielt die Mutter, die ihre Tochter bezüglich der ersten Menstruation aufklärt.
Variationen: a) Wie es nicht sein sollte. b) Wie es idealerweise sein sollte. c) Der Vater (Bruder) tritt dazu.
Beachten: Nach diesem Rollenspiel sollte auf jeden Fall ein Auswertungsgespräch stattfinden, um mögliche Unklarheiten und Halbwahrheiten richtigzustellen und aufzuarbeiten!

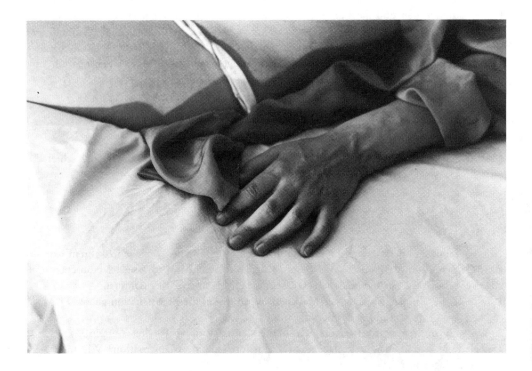

5. Der Tag, als die Regel kam – eine andere Fortsetzungsgeschichte

Die nachfolgenden Begriffe werden auf je ein Kärtchen geschrieben (vorher gut auswählen: * = *leicht*, ** = *mittel*, *** = *schwer*) und an die Mädchen verteilt. Jedes Mädchen überlegt sich, was dieser Begriff mit dem weiblichen Zyklus zu tun hat, was es aus eigener Erfahrung dazu sagen kann.

Körper*	Schleimhaut**	Eierstöcke***
Gebärmutter*	Krämpfe***	Befruchtung*
Scheide*	Östrogen***	Gebärmuttermuskulatur***
Progesteron***	Schwangerschaft*	Blutung*
Muttermund**	Hormonsteuerung***	Eileiter**

Nun wird mit diesen Begriffen eine Fortsetzungsgeschichte erzählt, die mit folgenden Sätzen eingeleitet werden könnte:
– »Es war einmal ein Mädchen ...« oder:
– »Einmal im Monat ...« oder:
– »Der Tag, als die Regel kam ...«
Jede, die glaubt, ihr Stichwort könne die Geschichte vervollständigen, bringt ihren Begriff in ca. 2–4 Sätzen in einen sinnvollen Zusammenhang mit der begonnenen Geschichte. Ihr Kärtchen wird dann zur Seite gelegt, ein anderes Mädchen erzählt weiter usw.
Bleiben Kärtchen übrig, können die Mädchen (mit der Teamerin) diese Begriffe erzählerisch einbauen. Wenn möglich, soll ein chronologischer Ablauf – soweit er gegeben ist – im Erzählen eingehalten werden. Eventuell kann man mit einem Tonbandgerät die Geschichte aufnehmen und anschließend gemeinsam kommentieren und diskutieren. Je nach Erzählverlauf ist auch ein frühzeitiger Schluß in der Geschichte möglich, z.B. durch ein Kärtchen »Schwangerschaft«.
Variation: Die Teamerin läßt Kärtchen ziehen, und die Mädchen erzählen, was ihnen dazu einfällt.

6. Auf dem Weg zu mir – den Zyklus als Körpermeditation erleben/spüren

Vorher sollte anhand von Zeichnungen die Lage der Geschlechtsorgane erklärt werden.

M 5: Körper- und Entspannungsübungen

Ganz wichtig und unbedingt zu berücksichtigen sind die Einleitungsphase und die Bedingungen zur Körpermeditation. Beides ist in Teil C/M 5 nachzulesen.

»... Lenke nun Dein Bewußtsein in Deinen Bauch zu Deinen inneren Geschlechtsorganen. Etwa eine Handbreit unter Deinem Bauchnabel liegt Deine Gebärmutter. Versuche, Deine Gebärmutter zu spüren. Vielleicht siehst Du auch ein Bild zu Deiner Gebärmutter. Laß Dir genug Zeit für Deine Vorstellung.
Rechts und links von der Gebärmutter gehen die Eileiter ab. Stell Dir Deine Eileiter vor. Versuche

mit Deiner Aufmerksamkeit aus der Gebärmutter weg durch den rechten Eileiter zu wandern. Du bist so klein wie eine Eizelle, die durch diesen Eileiter wandern kann. Du gehst weiter und gelangst in Deiner Vorstellung in Deinen rechten Eierstock. Spürst Du Deinen rechten Eierstock? Was für ein Gefühl hast Du für Deinen Eierstock? Laß Dir Zeit und schau Dir alles genau dort an. Verlasse nun den rechten Eierstock durch den rechten Eileiter zurück in die Gebärmutter und lenke Dein Bewußtsein in den linken Eileiter usw. ... Nachdem Du Dir alles angeschaut hast, gehe jetzt mit Deinem Bewußtsein in Deine Gebärmutter.

Stell Dir vor, es ist die Zeit nach Deiner letzten Blutung. Im Inneren der Gebärmutter baut sich an den Wänden die Gebärmutterschleimhaut langsam auf. Laß in Deiner Phantasie eine samtartige Schicht wachsen. Die Schleimhaut füllt sich mit Blut und Nährstoffen an. Sie wartet auf die Eizelle, die sich bei ihr einnisten soll. Es vergeht Zeit.

Wie jeden Monat hat sich auch jetzt wieder eine Eizelle auf den Weg durch den Eileiter in die Gebärmutter gemacht. Stell Dir vor, wie die Eizelle in die Gebärmutter wandert. Doch die Eizelle ist nicht befruchtet. Die Gebärmutterschleimhaut baut sich deshalb jetzt wieder langsam ab. Die Gefäße dieser Schleimhaut beginnen zu bluten. Du spürst, wie sich die Schleimhaut auflöst. Deine Gebärmutter zieht sich zusammen. Lenke Dein Bewußtsein in Deine Gebärmutter, die sich zur Unterstützung immer wieder zusammenzieht. Dabei stößt sie Dein Blut in Deine Scheide. Stell Dir vor, wie diese Flüssigkeit Deine Scheide verläßt. Was für eine Vorstellung? Wie fühlst Du Dich? Stell Dir vor, daß Du soviel Flüssigkeit verlierst, wie in einen Eierbecher hineinpaßt. Wenn Du in Deiner Vorstellung ungefähr soviel Blut (wie in einen Eierbecher hineinpaßt) abgegeben hast, dann komme langsam wieder zur Ruhe und Entspannung. Du bist ganz entspannt, Deine Menstruation geht zu Ende. Ein neuer Zyklus wird beginnen. Mach Dich langsam wieder mit dem Gedanken vertraut zurück ...«

Literaturhinweise

The Boston Women's Health Book Collective (Hg.), Unser Körper – unser Leben. Ein Handbuch von Frauen für Frauen (2 Bde.), Reinbek 1980

Brink, Elly/Korver, Els, Ninas M., Ein Mädchenbuch über Menstruation, Berlin 1987

Broschüre der Pro Familia (Hg.), Menstruation. Aus der Reihe Körper und Sexualität, Frankfurt 1988 (Bezug: Bundesverband, Cronstettenstr. 30, 6000 Frankfurt 1)

Förderation der Feministischen Frauen-Gesundheits-Zentren (USA) (Hg.), Frauenkörper – neu gesehen. Ein illustriertes Handbuch, Berlin 1987

Meulenbelt, Anja, Für uns selbst, Frankfurt 1980

Meulenbelt, Anja, Frauensexualität, München 1987

Reher-Juschka, Gabriele, Blutrot: Was Menstruation bedeutet, Berlin 1989

Shuttle, Penelope/Redgrove, Peter, Die weise Wunde Menstruation, München 1977

Verein für soziale Arbeit und Forschung Kiel e.V., Ich und mein Körper – Sexualaufklärung für türkische Mädchen, 1983 (Bezugsquelle: Kieler Jugendring, Königsweg 11, 2300 Kiel 1)

Bell, Ruth u.a., Wie wir werden, was wir fühlen – Ein Handbuch für Jugendliche über Körper, Sexualität, Beziehungen, Reinbek 1982

IX. Selbstbefriedigung

Einige Mädchen machen es, ohne zu wissen, daß dies etwas mit Sexualität zu tun hat. Bei sehr vielen Mädchen löst aber auch die Selbstbefriedigung große Schuldgefühle aus. Sätze wie: »Faß Dich nicht da unten an, das ist schmutzig!« oder Fragen wie: »Wo faßt Du Dich denn an?« haben den Bereich zwischen oben und unten (Füße) nachwirkend als schmutzig und ekelig eingeprägt. Verdrängungsprozesse sind in Gang gesetzt worden.

Jungen haben es da etwas leichter, dürfen sie ihren Penis doch schon von klein auf zum Pinkeln anfassen. Ja, sie bekommen sogar kurzzeitigen »Anfaßhilfeunterricht«. Überhaupt wird oft nur bei Jungen/Männern von Selbstbefriedigung gesprochen. »Man(n) holt sich einen runter« oder »wichst 'ne Runde«. Kein Wunder, daß Mädchen in Seminaren häufig nachfragen, ob Selbstbefriedigung auch Mädchen machen können (dahinter steht manchmal die Frage: »Wie geht es?«). Die Antwort einer 13jährigen Schülerin: »Nein, denn sie haben keinen Pimmel!« zeigt, in welcher Misere Mädchen stecken. Das fehlende oder mangelnde Wissen über die eigenen Geschlechtsteile verstärkt die Unsicherheit und Zweifel über den eigenen Körper und dessen Bedürfnisse. Hinzu kommt, daß auch heute noch die Selbstbefriedigung als eine Ersatzhandlung angesehen wird. Daß die Liebe zum eigenen Körper etwas Eigenständiges sein kann, wird nicht anerkannt. Subtil werden Mädchen daraufhin erzogen, daß die höchste Stufe der beglückenden Sexualität nur zwischen zwei Menschen, und zwar zwischen Frau und Mann erreicht werden kann. Die Idealisierung der Sexualität, die sich nur zwischen zwei gegengeschlechtlichen Menschen abspielt, führt dann in Partnerschaften oft zu Mißverständnissen. Selbstbefriedigung wird dann plötzlich als nicht mehr notwendig erachtet, sondern innerhalb einer sexuellen Beziehung vom jeweiligen Beziehungspartner als Abirrung oder Kränkung (»Ich bin wohl nicht gut/ausreichend?«) mißverstanden/bewertet.

Diesen obengenannten Fehlannahmen muß entgegengewirkt werden. Dazu müssen Frauen selbstbewußter und unabhängiger werden, indem sie ihre Bedürfnisse und Wünsche erkennen und ihren Körper lieben lernen. In ihren Partnerschaften können Frauen dann wesentlich besser ihre Vorlieben oder Abneigungen artikulieren. Standards gibt es für Selbstbefriedigung nicht. So kann für die eine das Reiben der Klitoris (sie wird nur in wenigen Büchern erwähnt oder abgebildet) mit den Fingern und für die andere das Stimulieren der Geschlechtsteile mit der Duschbrause erotisch und angenehm sein. Daher muß jedes Mädchen/jede Frau für sich herausfinden, was ihren Wünschen und Bedürfnissen entspricht.

Ziele

– Erfahren der Selbstbefriedigung als etwas Selbstverständliches für sich und für andere.
– Aufarbeiten der immer noch bestehenden Tabus und Fehlinformationen zum Thema Selbstbefriedigung.

1. Führe mich nicht in Versuchung – die finde ich ganz allein

Gerade bei Tabuthemen fällt es oft schwer, die passenden Worte zu finden. Deshalb kann der folgende Lückentest ein möglicher thematischer Einstieg sein. Jedoch sollte die Teamerin gut vorbereitet sein, damit sie die sich anschließende Nachbereitung sensibel leiten kann.

Es war einmal ein Mädchen, das wurde von seinen Eltern ...... genannt. Das Mädchen war ......, und die Eltern dachten über es ...... Abends im Bett schaute sich das Mädchen oft seinen ganzen Körper an und dachte ...... Manchmal spielte es auch an seiner Scheide, bis es ganz doll wurde, dann fühlte es sich ...... und dachte dabei ...... Von den Eltern wußte es, daß sie glaubten ...... In der Schule sprachen sie auch über ...... Ihre größte Frage hieß ...... Über Probleme konnte es am besten mit ...... reden. Am wenigsten verstanden fühlte sich das Mädchen von ...... Wenn es einen Wunsch frei gehabt hätte, hätte es sich ...... gewünscht.

Arbeitsanweisung: Fülle den Text so spontan und vollständig wie möglich aus.
Anschließend sollte ein Austausch und ein Gespräch in Zweiergruppen erfolgen. Später könnte dann auch mit der gesamten Mädchengruppe, die an dieser Übung beteiligt war, eine Diskussion stattfinden.

2. Wie Du Dir, so ich mir

M 12: Metapherübungen

In einer sicheren, angstfreien Atmosphäre sind die Mädchen auch bereit, das Thema Selbstbefriedigung anzusprechen. Nur mit viel Fingerspitzengefühl der Teamerin ist es möglich, Tabus aufzubrechen.
Das jeweilige Verständnis und die unterschiedliche Bedeutung des Begriffs Selbstbefriedigung könnten im Mädchenraum auf einer Wandzeitung zusammengetragen werden.

Selbstbefriedigung kann ...	Selbstbefriedigung darf ...
Selbstbefriedigung muß ...	Selbstbefriedigung ist für Mädchen ...
Selbstbefriedigung ist bei ...	Selbstbefriedigung ist vielleicht ...
Selbstbefriedigung will ...	Selbstbefriedigung ist für mich ...
Selbstbefriedigung ist auch ...	Selbstbefriedigung ist heute ...
Selbstbefriedigung ist nicht ...	Selbstbefriedigung ist wie ...

Nach dieser Klärung des Vorverständnisses bietet sich ein Gespräch im kleineren, intimen Kreis über Selbstbefriedigung an.
Ein Erfahrungsaustausch unter den beteiligten Mädchen könnte mit Hilfe der Teamerin zustande kommen. Wichtig dabei wäre sicher, den Mädchen zu verdeutlichen, daß Wünsche und Bedürfnisse unterschiedlich sind und daß jedes Mädchen für sich selbst herausfinden muß, was ihr angenehm bzw. unangenehm ist.

3. Was fällt Dir denn ein?

In einer lockeren Gesprächsrunde ist es möglich, die von der Teamerin vorbereiteten Fragekärtchen zu beantworten. (Eine Verweigerung der Antwort muß möglich sein.) Die anderen Mädchen können anschließend eigene Vorstellungen und Erfahrungen ergänzen, aber auch nachfragen.
Frage: Was fällt Dir ein zu:

- Selbstbefriedigung und Partnerschaft?
- Selbstbefriedigung und Gewissen?
- Selbstbefriedigung und Körper?
- Selbstbefriedigung und Kirche?
- Selbstbefriedigung und Jungen?
- Selbstbefriedigung und Mädchen?
- Selbstbefriedigung und Geheimnis?
- Selbstbefriedigung und Eltern?
- Selbstbefriedigung und Schule?
- Selbstbefriedigung und Strafe?
- Selbstbefriedigung und Lust/Spaß?
- Selbstbefriedigung und Sexualität?
- Selbstbefriedigung und Freundin?

Einige unbeschriftete Karten sollten für die eigenen Fragen der Mädchen bereitliegen.

4. Weil es sonst kaum wo steht – damit es gleich zu finden ist

Hier und an dieser Stelle deshalb als Zitat von *The Boston Women's Health Book Collective*, Unser Körper – unser Leben, Bd. 1, Reinbek 1980, S. 92f:

Sexuelle Selbstbefriedigung – Masturbation

Vom Augenblick unserer Geburt an haben wir uns angenehme Empfindungen verschafft, indem wir uns berührten und mit unserem Körper spielten. Der Übergang von sinnlicher Körperfreude zu sexueller Lust ist dabei fließend.

Unsere Eltern und später Lehrer und Pfarrer haben vielen von uns vermittelt, daß diese angenehmen Berührungen ungehörig sind. Ob wir nun ihrem Gebot folgten oder trotzdem masturbierten, so glaubten doch die meisten von uns, daß es etwas Schlechtes sei. Taten wir es, hatten wir Schuldgefühle, taten wir es nicht, dann weil wir glaubten, unsere sexuellen Empfindungen durch ihre Verdrängung unter Kontrolle halten zu müssen.

Schuldgefühle und Verdrängung hemmen unsere natürlichen sexuellen Reaktionen oder blockieren sie sogar ganz. Uns einzugestehen, daß wir uns selbst befriedigen, oder überhaupt erst masturbieren zu lernen, bedeutete für viele von uns einen neuen Zugang zu unserer eigenen Sexualität.

Beim Masturbieren (Onanieren) können wir unseren eigenen Körper erkennen und mit ihm experimentieren. Wir können lernen, welche sexuellen Phantasien uns erregen, welche Art von Berührung uns wo besondere Lust bereitet und wieviel Zeit wir brauchen. Wir sind nicht durch Rücksichtnahme auf die Bedürfnisse und Wünsche eines Partners oder einer Partnerin abgelenkt. Später können wir dann unsere neuen Erkenntnisse unserem Partner mitteilen und zeigen.

Frauen masturbieren auf verschiedene Art: manche befeuchten ihre Finger (entweder mit Speichel oder mit Saft aus der Scheide) und streichen damit um und über die Klitoris, die wir sanft reiben oder kneifen können; wir können die Vorhaut oder einen größeren Bereich um die Klitoris streicheln. Wir können einen Finger oder mehrere verwenden. Wir können zart oder mit stärkerem Druck, schnell oder langsam streicheln. Manche von uns masturbieren, indem sie die Beine kreuzen und andauernden und rhythmischen Druck auf den gesamten Genitalbereich ausüben. Manche von uns haben gelernt, Muskelspannungen im ganzen Körper zu erzeugen, ähnlich denen während des Geschlechtsverkehrs. Manche von uns werden durch körperliche Aktivitäten sexuell angeregt, reiten, auf Seile oder Bäume klettern. Wieder andere Frauen verwenden statt ihrer Hände ein Kissen, einen Wasserstrahl oder einen elektrischen Vibrator.

Es ist aufregend, während sexueller Phantasien zu masturbieren. Manche von uns führen beim Masturbieren gerne etwas in die Scheide ein – einen Finger, eine Kerze, eine geschälte Gurke, einen Vibrator. Für manche von uns sind die Brüste oder andere Teile unseres Körpers erotisch empfindsam, und wir streicheln sie, bevor oder während wir unsere Klitoris liebkosen. Das Vergnügen an unserem Körper beschränkt sich nicht auf Klitoris, Scheide und Brüste, wir beginnen vielmehr alle Teile unseres Körpers zu genießen.

5. Warten, bis der Märchenprinz kommt? – Nö.

M 5: Körper- und Entspannungsübungen

Eine bejahende Einstellung zum eigenen Körper kann mit Hilfe von Streichelübungen erreicht werden, die angenehme körperliche Gefühle auslösen.

Streichelübungen: Alles, was ich an mir mag, kann ich auch streicheln. In einer sicheren Atmosphäre können Mädchen dazu ermuntert werden, den eigenen Körper zu entdecken. Diese ersten, einfachen Streichelübungen können auch vor dem Spiegel ausgeführt werden, so daß die sinnliche Wahrnehmung um wesentliche Komponenten erweitert wird.

Literaturhinweise

Barbach, Lonnie Garfield, For Yourself. Die Erfüllung weiblicher Sexualität, Frankfurt und Berlin 1982

The Boston Women's Health Book Collective, Unser Körper – unser Leben, 2 Bde., Reinbek 1980

Meulenbelt, Anja, »Für uns selbst«, München 1980

X. Orgasmus – Sexuelle Erregungen

Über den Orgasmus existieren jede Menge Mythen, Märchen, Erwartungen. Da wird gesagt:
- »Der Junge/Mann ist für den Orgasmus der Mädchen/Frauen verantwortlich.«
- »Der richtige Orgasmus passiert beim Koitus.«
- »Der gleichzeitige Orgasmus ist das Höchste.«
- »Männer/Jungen haben größere sexuelle Bedürfnisse als Mädchen/Frauen.«
- »Weibliche Geschlechtsorgane sind unsauber.«
- »Beim Orgasmus wird frau ohnmächtig (und sieht dabei auch noch häßlich aus).«

Dies sind nur einige Vorurteile und Sprüche, mit denen Mädchen/Frauen heute konfrontiert werden. In ihnen wird deutlich, daß der Orgasmus primär mit Arbeit und Leistung in Zusammenhang gebracht wird, nicht jedoch mit Lust, Spaß und Vergnügen. Daß die Sexualität für viele Mädchen/Frauen nicht mit positiven Empfindungen verbunden ist, liegt nicht zuletzt daran, daß sie immer noch allzu häufig – unabhängig von den eigenen erotischen Bedürfnissen – gewaltsam für die Lust der Männer mißbraucht werden.

Ziele

- Abbauen von übersteigerten Erwartungen an den Orgasmus und der Fixierung des sexuellen Empfindens auf ihn.
- Informieren über die weiblichen Geschlechtsorgane und über den/die weiblichen Orgasmen.
- Schaffen von Körperbewußtsein, da Phantasie, Gefühle und positive Einstellungen zum eigenen Körper notwendig sind, um sich und seinen eigenen Körper lustvoll zu erleben.
- Verbalisieren und Durchsetzen von eigenen erotischen Bedürfnissen.

1. Fragen an Luise Lust oder: Seid Eure eigene Beraterin

Gerade zum Thema Orgasmus gibt es viel Unwissenheit oder eine Vielzahl von Mythen und Märchen, so daß reine Information von Mädchen oft gewünscht wird. In einer Gruppe mit ausländischen Mädchen (aus islamischen Ländern) sollte vorher das Thema Jungfräulichkeit/Entjungferung gewählt werden. Da es für viele sicher ungewohnt ist, über diesen intimen Bereich zu sprechen, bietet sich das Medium »Anonymer Leserbrief« geradezu an.

M 14: Fragebox

In Form von Leserbriefen sollen die Mädchen Fragen zum Thema Orgasmus formulieren. Diese Anfragen werden dann in Zweiergruppen nach eigenem Wissen beantwortet und später in der Gesamtgruppe besprochen.
Oder: Die Leserbriefe werden an einer Wandzeitung befestigt, und jede, die eine Antwort geben kann, schreibt diese darunter.
Oder: Die Leserbriefe werden anonym in eine Fragebox eingeworfen und anschließend von der Teamerin mündlich beantwortet.

2. Sonnenschein und warmer Schauer – sind wir nachher schlauer?

Ob Schmetterlinge im Bauch, der angenehme Schauer oder die gewaltige Explosion – die Mädchen werden bei dieser Übung feststellen: Jede empfindet anders, jede empfindet richtig. Mädchen erleben, daß sich nicht nur ihre Empfindungen, sondern auch ihre Vorstellungen über *die* Sexualität und *den* Orgasmus unterscheiden. Wichtig ist, ihnen das Gefühl zu vermitteln, daß sie selber diejenigen sind, die darüber zu entscheiden haben, was für sie gut, angenehm und richtig ist.

M 8: Malaktion

Jede malt ein Bild über einen erlebten (oder vorgestellten) Orgasmus. Die Maltechniken richten sich nach den Möglichkeiten der Gruppe. Wichtig ist es, viele Farben und dicke Pinsel, Filz- oder Wachsstifte bereitzustellen.
Ein Gespräch in Paargruppen und daran anschließend ein Gespräch in der Gesamtgruppe, in dem Kriterien gesammelt werden, woran ein Orgasmus zu erkennen ist, runden diese Übung ab.

3. Ich will – ich will nicht – ich will doch – ich will doch nicht???

Der Geschlechtsverkehr wird als der Höhepunkt in der Entwicklung des Sexualverhaltens angesehen. Deshalb wird sowohl von den Mädchen und Jungen als auch von der Umwelt dem ersten Geschlechtsverkehr eine außerordentliche Bedeutung zugemessen. Aus diesem Grund fühlen sich viele Mädchen unter Druck gesetzt. Damit sich die Mädchen darüber klar werden, was sie wollen und was ihre eigenen Wünsche in bezug auf den Geschlechtsverkehr mit einem Jungen sind, ist folgende Übung hilfreich.
Jedes Mädchen setzt sich bequem auf einen Stuhl oder den Boden und versucht, sich zu entspannen. Die Teamerin bittet sie nun, sich in ihrer Phantasie zwei Tennisspielerinnen vorzustellen, die sich auf einem Tennisplatz in einem Match gegenüberstehen. So wie ein Tennisball von der einen zur anderen springt, so sollen die Gedanken der Mädchen hin und her springen können.

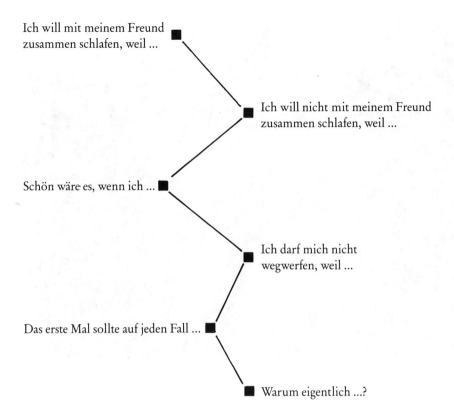

Ich will mit meinem Freund
zusammen schlafen, weil ...

Ich will nicht mit meinem Freund
zusammen schlafen, weil ...

Schön wäre es, wenn ich ...

Ich darf mich nicht
wegwerfen, weil ...

Das erste Mal sollte auf jeden Fall ...

Warum eigentlich ...?

Ein abschließendes Gespräch ist selbstverständlich.

Literaturhinweis

Geiger, Ruth-Esther, Wenn die Liebe losgeht. Erinnerungen an »das erste Mal«, Reinbek 1986

XI. Verhütung

Nur wenige Mädchen – ca. 50 % eines Jahrgangs – und noch weniger Jungen – nämlich ca. 25 % eines Jahrgangs – können mehrere Verhütungsmittel beim Namen nennen, geschweige denn, daß sie sie anzuwenden wissen. Ein Großteil Jugendlicher benutzt beim ersten Mal überhaupt keine Verhütungsmittel!

Da spielen persönliche Ängste und Hemmungen eine Rolle, Verhütung überhaupt anzusprechen. Da spielen Unkenntnis oder bewußtes Roulettespielen eine Rolle. Da spielt nicht zuletzt Bequemlichkeit eine Rolle, weil Empfängnisverhütung auch immer etwas mit Planen zu tun hat. Und nicht zuletzt schieben sich Mädchen und Jungen bzw. Frauen und Männer (meist unausgesprochen) gegenseitig die Verantwortung zu – nach dem Motto: Verhütung ist Frauensache, denn »sie« ist es ja, die schwanger wird. Oder: Verhütung ist Männersache, weil »er« eben der Erfahrene ist.

Wichtig bei allen Übungen zum Thema Verhütungsmittel ist es, Anschauungsmaterial dabei zu haben. Bilder oder vage Beschreibungen sind keine ausreichende Information. Und bevor das Thema Verhütungsmittel zur Sprache kommt, muß eine ausführliche Körperaufklärung stattgefunden haben, so daß die Mädchen den Vorgang der Empfängnis verstehen können.

Ziele

– Informieren über verschiedene Verhütungsmittel und ihre Anwendung.
– Lernen, mit dem Partner über Verhütung zu reden und Verhütung zu planen.
– Stärken des Durchsetzungsvermögens von Mädchen, um ungewollte Schwangerschaften zu vermeiden.

1. Kondome – Männer- oder Frauensache?

Obwohl heute durch AIDS mehr öffentliche Werbung für Kondome gemacht wird, löst dieses Verhütungsmittel bei Jungen und bei Mädchen Unbehagen aus. Sowohl Mädchen als auch Jungen äußern: »Da merkt man doch gar nichts!« Abscheu und Ekel spielen ebenfalls eine Rolle. Um Vorbehalte gegenüber Kondomen abzubauen, sollte die Teamerin zunächst umfangreiche Informationen über verschiedene Arten von Kondomen, ihre Anwendung und ihre Verläßlichkeit in Sachen Verhütung darstellen. Diese Informationen sollten die Mädchen dann noch einmal in Form eines Plakatwettbewerbs oder als Videospot aufarbeiten. Das Thema könnte sein: »Das Kondom – auch für die Frau«.

Tip: Wer in der Nähe von Frankfurt oder Köln wohnt, hat die Gelegenheit, sich in einem Spezialgeschäft (in Köln: Condomi) umfassend über Kondome zu informieren bzw. die verschiedenen Kondome kennenzulernen.

2. Wieso, weshalb, warum – wer nicht fragt, bleibt dumm!

M 24: Besuche und Erkundungen

Auch der Besuch einer Beratungsstelle, z.B. bei »Pro familia« oder bei einer Frauenärztin, kann zum Thema Verhütungsmittel beitragen.

Dabei können die Mädchen durch den gemeinsamen Besuch gleichzeitig den Ort der Beratungsstelle oder der Frauenarztpraxis kennenlernen und so eventuell motiviert werden, diese bei individuellen Problemen aufzusuchen. Wichtig dabei ist eine gute Vorbereitung des Besuches, die während des Gruppentreffens zuvor geleistet werden muß.

Eventuell sollte ein gemeinsam erstellter Fragezettel mitgenommen werden. Gedankenanstöße zu diesen Leitfragen könnten sein:
– Gibt es ein Verhütungsmittel ohne Chemie?
– Kann ich mit 15 Jahren schon die Pille bekommen?
– Was ist mit der Pille danach?
– Haben Zäpfchen auch Nebenwirkungen?
– Kann ein Mädchen auch ohne die Einwilligung der Eltern die Pille bekommen?
– Was ist natürliche Familienplanung?
– Wie funktioniert das Diaphragma?
– Wie können eigentlich ausländische Mädchen verhüten bzw. Verhütung durchsetzen?

3. Er liebt mich, er liebt mich nicht, er liebt mich – oder: Wie sag' ich es meinem Partner?

Unsicherheit auf beiden Seiten und die feste Wunschvorstellung (»Es wird schon nicht schiefgehen!«) machen es Jugendlichen schwer, über Verhütung zu reden. Untersuchungen haben gezeigt: Jedes dritte Mädchen und jeder zweite Junge betreibt beim ersten Geschlechtsverkehr keine oder nur eine höchst unzureichende Empfängnisverhütung. Die meisten Jungen begründen ihr mangelndes Verhütungsverhalten mit dem Glauben, sich auf die Partnerin verlassen zu können. Gerade weil die Mädchen von den Jungen zunehmend allein für die Empfängnisverhütung verantwortlich gemacht werden, ist es wichtig, das tabuisierte Thema Empfängnisverhütung ansprechen zu können. Die folgende Übung kann dazu beitragen.

M 16: Rollenspiel
M 22: Filmreportage

Im Rollenspiel, als Videoclip oder als Fotoreportage soll erprobt werden, wie ein Gespräch über das Verhütungsmittel mit dem Partner selbstverständlich wird. Ausgangsfrage bzw. Anlaß des Rollenspiels (das mit fotografiert oder gefilmt wird) sollte ein Konflikt sein, z.B. eine Bettszene. Titel: »Der Streit danach.«

Er hat sich einfach über ihre Bedenken hinweggesetzt, weil er sich die schöne Atmosphäre nicht zerstören lassen wollte.

Oder: Sie zählt ihre Zyklustage nach und stellt fest, daß es die gefährlichen Tage waren. Folge: Streit, Vorwürfe ...

4. Sieh mal da: Die Frau von Pro familia, oder: Gute Information tut not!

Um die verschiedenen Verhütungsmittel, ihre Wirkung, Anwendung, Sicherheit sowie ihre Vor- und Nachteile, kennenzulernen und Informationen über den Bezug/Kauf zu erhalten, sollte möglichst eine Fachfrau (von Pro familia, von einem Gesundheitszentrum etc.) in die Mädchengruppe eingeladen werden.

Es ist jedoch auch möglich, einen Verhütungskoffer bei einer Pro familia-Stelle auszuleihen und zunächst durch Anschauung, Broschüren etc. alle mit dem Thema zusammenhängenden Fragen abzuklären.

Die Mädchen könnten auch selbst eigene oder von der Schwester, der Freundin oder der Mutter erhaltene Verhütungsmittel mitbringen und sich gegenseitig zeigen und erklären. Wichtig ist, daß falsche Informationen von der anwesenden Fachfrau oder Teamerin korrigiert werden.

5. So wie die Alten sungen, so zwitschern auch die Jungen? Oder: Verhütungsmittel im Wandel der Zeit

Vergangenheit:
Welche Methoden, Mittel und Wege hatten unsere Vorfahren, um eine Schwangerschaft zu verhüten, z.B.:
– im Mittelalter?
– Wer waren die »weisen Frauen«, und was können die »Hexen« zum Thema Schwangerschaftsverhütung beitragen?

Gegenwart:
Hier könnte auf die gegenwärtigen Verhütungsmethoden eingegangen werden. Es könnte an dieser Stelle aber auch auf unterschiedliche kulturelle, religiöse oder moralische Positionen zum Thema Verhütung eingegangen werden. In dieser Hinsicht bietet sich ein Vergleich verschiedener Gesellschaftssysteme an: Was bedeutet Verhütung in den USA, in der UdSSR, in der Türkei oder etwa in Irland?

Zukunft:
Wenn genug Zeit vorhanden ist und die Mädchengruppe gemeinsam phantasieren will, soll, ernsthaft oder spaßeshalber, versucht werden, ein »Traumverhütungsmittel« zu erfinden.
– Wie sollte die Anwendung, die Wirkung sein?
– Wie könnte es aussehen?
– Für wen sollte es sein: Mann und/oder Frau?
Je konkreter die Phantasie ist, desto eher könnten abschließende Wünsche der Mädchen in Form eines Briefes an Forscherinnen und Firmen weitergegeben werden.

Literaturhinweis

Nordhoff, Inge, in Zusammenarbeit mit Pro familia, Wenn Mädchen die Pille wollen ... Alles über Liebe, Sexualität, Verhütung, Reinbek 1986

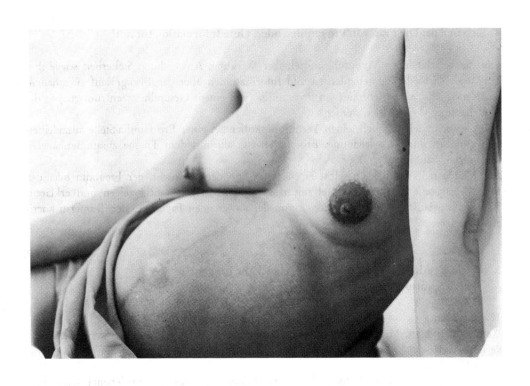

XII. Schwangerschaft

Die heutigen Mittel und Möglichkeiten zur Schwangerschaftsverhütung geben uns Frauen die Chance, den Zeitpunkt einer Schwangerschaft selbst zu bestimmen. Während es für unsere Großmütter zur Lebensabsicherung nötig war, gut verheiratet zu sein und Kinder zu haben, können wir uns heute für oder gegen eine Schwangerschaft entscheiden. Möglich ist es heutzutage auch, ein Kind zu bekommen, ohne den Vater des Kindes zu heiraten oder mit ihm zu leben.

Sicher gibt es auch heute noch äußere Zwänge durch das Elternhaus, die Umwelt und die Kirche. Jedoch: Haben wir uns erst einmal für ein Kind entschieden, können wir es auch in der Lebensform aufziehen, die wir selbst für die richtige halten.

Ziele

– Erkennen, daß jede Frau entweder allein oder mit ihrem Partner darüber zu entscheiden hat, ob sie ein Kind will/wollen.
– Informieren über Schwangerschaft und Geburt sowie verschiedene Geburtsmethoden.

1. Mutter werden? Na klar!

Die meisten Mädchen wollen einmal Kinder haben, Mutter werden. Die Familienpolitik fördert die Kleinfamilie. Die traditionellen Rollenerwartungen lassen Mädchen gar keine Wahl. Das Für und Wider von Kinder und Familie sollte einmal spielerisch (und doch ernsthaft) in einer Mädchengruppe ausgetauscht werden. Dabei überlegt sich zunächst jedes Mädchen für sich selbst:

– Was wäre, wenn *ich* ein Kind hätte?
– Kind mit oder ohne Partner?
– Wäre ich verheiratet?
– Wie würde ich mit einem Kind wohnen?
– Wie sollte es aufwachsen?
– Was bedeutet für mich Erziehung?
– Könnte ein Kind meine Einstellung zum Leben verändern?
– Welche Einschränkungen würde ein Kind bewirken?

2. Mit 17 ein Kind?

M 24: Besuche und Erkundungen

Weitere Möglichkeiten, das Thema Schwangerschaft zu intensivieren, wären:
– Eine Diskussion mit einem Mädchen, das schon früh ein Kind bekommen hat.
– Besuch bei einer ambulant tätigen Hebamme bzw. Fachfrau, die Kurse zur Geburtsvorbereitung durchführt. Eventuell können die Mädchen in diesem Kreis auch einmal die notwendigen Übungen mitmachen.

Desweiteren könnten folgende Fragen besprochen werden:
- Was ändert sich für mich mit der Geburt eines Kindes?
- Finanzielle Absicherung – wie?
- Was besagt das Mutterschutzgesetz?
- Ist Kindergeld ein Anreiz?

3. Komm mir bloß nicht mit einem Kind an!

M 16: Rollenspiel

In diesem Rollenspiel geht es um die Auseinandersetzung mit Eltern (Geschwistern, Nachbarn). Was passiert, wenn Mädchen »zu früh«, »ohne Partner« oder »noch während der Schulzeit/Ausbildung« ein Kind bekommen?
Ein möglicher Ausgangspunkt für das Rollenspiel wäre folgende Aussage der Eltern: »Wenn Du ein Kind bekommst, mußt Du auch auf eigenen Beinen stehen (ausziehen von zu Hause, Geld verdienen, heiraten).«

Literaturhinweise

Hoffmann, Sybille, Ich schaff das schon! – Junge Frauen werden Mütter: Wünsche, Ängste, Wirklichkeit, Reinbek 1987
Augstein, R./Koch, H.-G., Was man über den Schwangerschaftsabbruch wissen sollte. Information und Rat (nicht nur) für Schwangere, Ärzte und Berater, München 1985
Nilsson, L., Ein Kind entsteht. Eine Bilddokumentation über die Entwicklung des Kindes vor der Geburt und praktische Ratschläge für die Schwangerschaft, München 1978
Vogt-Hägerbäumer, B., Ein bißchen schwanger gibt es nicht. Das Buch zum Thema Abtreibung
Bolte, K., Ulla, 16, schwanger, Weinheim 1979
Turbo Theater Köln/Wendel, Heidrun, Liebe ist ...? Ein Theaterstück (das dazugehörige Medienpaket ist zu beziehen bei:
Turbo Theater Köln oder Institut für Sexualpädagogig Dortmund, Postfach 104117, 4600 Dortmund, Tel. 0231/816584)
Broschüren zu Verhütungsmethoden und Broschüren von Pro familia, zu beziehen bei:
Pro familia e.V. – Bundesverband, Cronstettenstr. 30, 6000 Frankfurt:
- Es juckt! Es brennt! – Tips für Geschlechtskrankheiten
- Au wei, ich muß zum Frauenarzt. Praktische Tips für Mädchen
- Aber Hallo! Ich kriege ein Kind. Tips für werdende Mütter

XIII. Paragraph 218

Wie die Gesellschaft im Verlauf der Geschichte auf einen Schwangerschaftsabbruch reagierte, war abhängig von der zur jeweiligen Zeit gültigen Moral, den Sitten und der Religion. Sicher gab es auch bei den einzelnen Völkern und in den verschiedenen Kulturen Unterschiede. Während der Abbruch im alten Ägypten und in Vorderasien keine strafbare Handlung war, änderte sich diese Sichtweise etwa 200 n.Chr. Seit dieser Zeit wurde ein Schwangerschaftsabbruch mit einer Strafe belegt, aber nicht etwa, weil ein Leben getötet wurde, sondern weil es ein Vergehen gegen den Ehemann war.

Erst im Deutschen Reich wurde im Jahr 1871 das Verbot des Schwangerschaftsabbruchs als Straftatbestand in das Gesetzbuch unter § 218 und § 219 aufgenommen. Seit dieser Zeit streiten, streiken und kämpfen Frauen unterschiedlich heftig für die Streichung dieses § 218.

Die Möglichkeit, eine Schwangerschaft straflos abzubrechen, besteht heute in der Bundesrepublik nur, wenn eine Ärztin eine der vier Ausnahmebedingungen (Indikationen) bestätigt:

1. die medizinische Indikation,
2. die kindliche oder eugenische Indikation *(Eugenik = Lehre von der Erbgesundheit)*,
3. die kriminologische (Vergewaltigungs-)Indikation,
4. die Notlagenindikation.

Mehr und ausführlicher berichten die Informationsblätter z.B. von Pro familia darüber.

Ziele

– Informationen geben über den § 218 und wie Frauen damit umgehen können.
– Aufzeigen, welche Entscheidungsfreiheit für die einzelne Frau besteht.
– Informieren über den medizinischen Ablauf eines Schwangerschaftsabbruchs bzw. verschiedene Abbruchmöglichkeiten.

1. Stell Dir vor, Du hast einen Abbruch vornehmen lassen

Die Gruppe soll versuchen, sich in die Lage einer Betroffenen zu versetzen, um die eigenen Reaktionen kennenzulernen.

Die Gefühle, die dabei entstehen, können durch bildnerische Gestaltung ausgedrückt werden.

M 5: Körper- und Entspannungsübungen

Du setzt Dich jetzt möglichst bequem auf einen Stuhl und stellst Dir einmal in Deiner Phantasie die Situation vor, daß Du schwanger warst und einen Abbruch hast vornehmen lassen.

Wie war wohl die Ausgangslage, die Dich zu diesem Schritt bewegt hat?

Was ist alles vor dem Eingriff passiert?

Versuche, Dich mit Hilfe Deiner Phantasie an möglichst viele Einzelheiten zu erinnern. Laß Dir Zeit dabei. Wie ging es Dir, als Du von der Schwangerschaft erfuhrst? Mit wem konntest

Du darüber sprechen? Wie verhielten sich Deine Eltern, der Erzeuger, Freunde und Freundinnen? Was sprach für und was gegen den Abbruch?

Wenn Du Deinen Vorstellungen nachgegangen bist, komme aus der Phantasiewelt wieder in den Raum zurück. Male und schreibe in die linke Hälfte Deines Blattes alle Einzelheiten, an die Du Dich erinnern kannst. Sprich dabei nicht mit anderen Teilnehmerinnen.

Schließe dann wieder die Augen, um in die Phantasiewelt zu versinken. Versuche, Dich jetzt möglichst genau an die Situation nach Deinem Abbruch zu erinnern. Wie geht es Dir nach dem Eingriff? Welche Gefühle und Gedanken bewegen Dich jetzt? Bist Du allein oder in Begleitung einer Person?

Anschließend komme mit Deiner Aufmerksamkeit in unseren Raum zurück, in diese Gruppe. Versuche, Deine Gedanken in Wort und Bild auf der rechten Seite Deines Blattes zu notieren.

Anschließend geht es in Kleingruppenarbeit weiter:

Setze Dich mit einer anderen Frau zusammen, und tauscht Eure »Phantasie«-Erlebnisse miteinander aus (ca. 40 Min.). Mögliche Auswertungsfragen sind:

– Wie habe ich die Übung erlebt?
– Was habe ich gemalt?
– Wie betroffen macht mich die Vorstellung?
– Was fiel mir leicht/schwer?

Diese Übung kann nur dann gemacht werden, wenn die Mädchen/Frauen sich ausreichend über die Möglichkeiten und Methoden eines Schwangerschaftsabbruchs informiert haben.

Als Ergänzung – oder besser noch vor dieser Phantasieübung – sollte die Gruppe einmal eine Beratungsstelle, z.B. Pro familia, besucht haben.

XIV. Prostitution

Prostitution ist Ausdruck unseres patriarchalischen Systems, das Männer und Frauen eine unterschiedlich gelebte Sexualität zuweist.

Der Weg zur Prostitution ist erschreckend einfach. Mädchen und Frauen, die sich gelegentlich etwas Geld dazuverdienen wollen, die von zu Hause, vor der Abhängigkeit davonlaufen, die ohne Aussicht auf einen Job sind, die sexuelle Gewalt erfahren haben, die Geld für Drogen brauchen, gehen auf den Strich oder werden vom Freund oder Ehemann auf den Strich geschickt. Dabei ist die Arbeit von Prostituierten anstrengend, hart und gefährlich. Warum Menschen sich prostituieren, kann bis heute nicht klar beantwortet werden. Neuere Untersuchungen widersprechen jedoch energisch der Behauptung, Prostituierte seien sexuell abnorm veranlagt. Frauen erfahren während ihrer Sozialisation, daß sie über Sexualität definiert werden und in einer Welt leben, in der die Sexualität einen hohen Kauf- und Verkaufswert hat. Sexualität kann gegen Geld getauscht werden, und es gibt eine kontinuierliche Nachfrage von Männern nach sexuellen Dienstleistungen. Zwar duldet unsere Gesellschaft einerseits die Prostitution, jedoch diskriminiert sie andererseits zugleich die Prostituierten – nicht jedoch die Kunden, die männlichen Freier. Diese Doppelmoral muß Mädchen deutlich gemacht werden, um den Mythos der vermeintlichen sexuellen und ökonomischen Freiheit einer Prostituierten aufzudecken.

Ziele

- Erkennen der sexuellen Doppelmoral in unserer Gesellschaft.
- Aufklären über Prostitution und Zuhälterei, über wirkliche »Handlungsfreiheit«, Verdienst, Lebensweisen und Ausstiegschancen.

1. Jede Frau hat ihre eigene Geschichte!?

In einer Diskussionsrunde tauschen die Mädchen ihre Erfahrungen bzw. beiläufigen Berührungspunkte mit dem Thema Prostitution aus. Mit folgenden Fragen könnte eine Diskussions- und Gesprächsrunde begonnen werden:
- Wer kennt Mädchen, die auf den Strich gehen, und wer veranlaßt sie, sich zu prostituieren?
- Wo, wie und unter welchen Umständen arbeiten Prostituierte?
- Wer sucht Prostituierte auf und warum?
- Welche gesellschaftlichen Funktionen erfüllt die Prostitution?
- Verändert die Prostitution den gesellschaftlichen Blick auf Frauen?
- Warum prostituieren sich Kinder und Jugendliche?
- Was könnte mich selbst veranlassen?
- Welche verschiedenen Arten der Prostitution gibt es, und worin unterscheiden sie sich?

Dieser Erfahrungsaustausch kann auch mit Hilfe eines kurzen Films über Prostituierte (Bildwechsel, Hamburg) geschehen.

2. Sind die wirklich normal?

M 7: Bildcollagen

Prostitution findet nicht nur an bestimmten Orten und Plätzen statt, sie bestimmt auch das Frauenbild in Medien und Werbung.

Mit Hilfe einer zusammengestellten Collage, auf der Frauenbilder zu sehen sind, läßt sich zeigen, wie innerhalb der Werbung Frauen als käufliche Ware dargestellt werden. Gut verwendbar sind hierzu auch Versandhauskataloge. Dabei sollen sich die Mädchen über die Unterschiede von Prostitution und Pornografie austauschen und sich darüber Klarheit verschaffen, welche Art des fotografischen Blicks auf Frauen sie stört und warum.

Formuliert nach der Auswertung der angefertigten Collagen evtl. Forderungen zum Thema »Menschenrechte – auch für Frauen« und schickt diese an Werbeagenturen und Fotografen Eurer Stadt (siehe Gelbe Seiten des Telefonbuchs), denn auch viele kleine Schritte bringen uns an unser Ziel: Menschenrechte auch für Frauen.

Literaturhinweise

Cramm-Daitzer, Geld und Liebe – Zur Erfahrung weiblicher Jugendlicher mit Prostitution, in: Prostitution in Hamburg. Dokumentation einer Fachtagung, Hamburg 1985
Biermann, Picke, »Wir sind Frauen wie andere auch!«, Reinbek 1982
Hydra: Prostituiertenzeitschrift aus Berlin (Kantstr. 54, 1000 Berlin)

Medienhinweis

Workings Girls, USA 1986, Regie: Lizzie Borden, VHS, 93 Min.

XV. Vergewaltigung

»Sexuelle Gewalt gegen Frauen und Mädchen ist nicht aggressiver Ausdruck von Sexualität, sondern der ›sexuelle‹ Ausdruck von Aggressionen und Feindseligkeit und damit Ausdruck des politischen Verhältnisses zwischen den Geschlechtern« (Stellungnahme der Frauenjury einer Veranstaltung in Köln »Sexuelle Gewalt«, März 1987). Sexuelle Gewalt in Form von Vergewaltigung oder sexueller Nötigung erfahren jährlich bis zu 200.000 Mädchen und Frauen in der BRD. Statistisch gesehen heißt das: Alle sieben Minuten wird ein Mädchen/ eine Frau durch einen Mann sexuell mißbraucht und verletzt.

Es ist falsch anzunehmen, daß nur Triebtäter oder krankhaft veranlagte Männer vergewaltigen: 90 % der Täter sind ganz normale Männer, oft Familienväter. Falsch ist auch die Vermutung, daß Frauen eher von unbekannten Männern nachts in einer einsamen Gegend vergewaltigt werden. In 70 % der *angezeigten* Vergewaltigungen (10.000 im Jahr) kennen die Täter ihre Opfer vorher. In 82 % wohnen sie in derselben Gegend, und in 52 % aller (angezeigten) Vergewaltigungen ist der Tatort seine oder ihre Wohnung. Die Tageszeit spielt keine Rolle.

Ein Mythos ist auch die Auffassung, bei Vergewaltigung handele es sich ›lediglich‹ um ein Sexualdelikt oder gar ein harmloses Kavaliersdelikt. Tatsache ist: In 85 % der Fälle wird von den Männern körperliche Gewalt angewendet! »Vergewaltigung ist somit keine ›Triebabfuhr‹, sondern ein Unterwerfungsritual, eine Machtdemonstration, die ein Mann gegenüber einer Frau ausübt. Vergewaltigung ist der extremste Ausdruck des strukturellen Gewaltverhältnisses zwischen den Geschlechtern. Er ist gekennzeichnet durch Machtausübung von Männern gegen Frauen und Geringschätzung der Frau als Geschlecht« (Maria Haibach, ehem. Staatssekretärin für Frauenfragen in Hessen).

Ziele

- Erklären und Erläutern, was Vergewaltigung ist und welche Folgen sie für Mädchen hat.
- Austausch von Erfahrungen im Umgang mit Gewalt.
- Abklären des Unterschiedes zwischen Verführung und Vergewaltigung.
- Aufzeigen von schützenden Verhaltensweisen für Mädchen/Frauen und Einüben von Selbstverteidigung.

1. Als Rotkäppchen wieder aus dem Wald herauskam – Gewalterfahrungen in meiner eigenen Geschichte

M 7: Bildcollagen
M 8: Malaktion

Ziel ist es, durch – zunächst nonverbale – Äußerungen zu einem Erfahrungsaustausch anzuregen. Das Ausmalen, Aussprechen, Ausdrücken kann einerseits dabei helfen, Scham und Isolation, die die Erfahrung von Gewalt nach sich zieht, zu überwinden. Andererseits kann die Thematisierung angstauslösender Erlebnisse dazu führen, sich von den lähmenden und bedrückenden Gefühlen ein Stück zu befreien, um so vergleichbaren Situationen nicht hilflos ausgesetzt zu sein.

Der Zugang zu diesem Thema läßt sich mit den verschiedensten bildnerischen Mitteln finden, sei es über eine Collage oder das Malen mit dicken Pinseln und Farben oder nur über eine Filzstiftzeichnung.

In chronologischer Folge, d.h. mit Altersangaben zu gemalten Ereignissen, sollen die eigenen Erlebnisse (die auch in Symbolen ausgedrückt werden können) zum Thema Gewalterfahrung ins Bild gesetzt werden. Danach müssen die Bilder ausgewertet werden. Mögliche Auswertungsfragen können sein:

- Wann habe ich Gewalt erfahren?
- Wie habe ich sie erlebt?
- Von wem wurde mir Gewalt zugefügt?
- Was ist für mich Gewalt im Alltag?
- Wie gehe ich mit der Scham um?
- Was kann ich konkret gegen diese Angst tun?
- Wo/wie übe ich selbst Gewalt aus?

2. Genug gejammert – jetzt werden wir schlagfertig!

M 16: Rollenspiel

Die Frage lautet: Warten wir weiter wie aufgescheuchte Kaninchen, bis die gefährliche Situation vorbei ist, oder entwickeln wir Strategien, wie wir uns effektiv wehren können? Denn Tatsache ist nun einmal, daß Mädchen/Frauen »geübter« sind im passiven Hinnehmen von Gewalt als in einem offensiven Sich-zur-Wehr-Setzen.

Ein Erfahrungsaustausch über Situationen, in denen sich die Mädchen gewehrt haben, und ein prophylaktisches gemeinsames Überlegen: »Was wäre wenn?« sollen die generelle Hilflosigkeit der Mädchen abbauen helfen. Im »Was wäre wenn?«-Spiel denken sich die Mädchen eine Situation aus, in der sie angemacht, bedrängt oder belästigt werden. Was sonst immer erst später als passende Antwort/Reaktion einfällt, läßt sich hier im Spiel schon vorher üben. Am besten ist es, einige Situationen konkret durchspielen zu lassen.

Beispiele:
Im Schwimmbad hört das Mädchen über ihren Körper: »Viel zu dick ... hat zu wenig ... hat zu viel ...«
Schlagfertige Antwort wäre: ...
In der Straßenbahn/im Bus legt ein Mann seine Hand auf das Bein eines Mädchens.
Schlagfertige Antwort/Reaktion wäre: ...
Im Jugendheim steht das Mädchen einer ganzen Gruppe von Jungen gegenüber, die bedrohlich näher kommen.
Mögliche Reaktion wäre: ...
Das Mädchen wird verfolgt und hat Angst davor, vergewaltigt zu werden.
Mögliche Reaktion wäre:...

Diese Ideen und weitere Vorschläge sind zu finden in:
Frauenbüro der Stadt Solingen (Hg.), »Mach mich nicht an! – Vorschläge zum konstruktiven Umgang mit alltäglichen Diskriminierungen«, Solingen 1986.

3. Aber nicht mit mir – Widerworte

M 17: Planspiel

Als Einübung in dieses Rollenspiel sollten sich die Mädchen vorher ein Video der Wiener Medienwerkstatt (siehe Medienhinweis) ansehen. Im Anschluß daran kann in einem Rollenspiel das Thema »Was passiert nach einer Vergewaltigung?« durchgespielt werden. Beginnen kann das Spiel mit dem Versuch, eine Anzeige wegen Vergewaltigung aufzugeben.
Mögliche weitere Fragen könnten sein:
– Wie verhalten sich die Polizisten, der Arzt/die Ärztin?
– Wie reagieren meine Eltern/meine Freunde?
– Was ereignet sich bei einer Gerichtsverhandlung?
– Was sagen die Richter/innen, was die Verteidiger/innen?
– Welche Vorurteile gibt es, und wie lautet die Rechtsprechung?
Aus diesem Spiel sollte sich notwendig auch eine Kenntnis von Hilfseinrichtungen wie Mädchen- und Frauenhäuser, Notruf- und Frauengesprächsgruppen, Ärztinnen und Rechtsanwältinnen sowie von Entscheidungshilfen im Einzelfall ergeben. Auch der konkrete Ablauf einer Anzeigenerstattung sollte aufgezeigt werden.

Literaturhinweise

Miller, Die Stärke weiblicher Schwäche. Zu einem neuen Verständnis der Frau, Frankfurt 1979
Brownmiller, Susan, Gegen unseren Willen: Vergewaltigung und Männerherrschaft, Frankfurt 1978
Kavemann, Barbara/Lohstöter, Ingrid, Väter als Täter. Sexuelle Gewalt gegen Mädchen, Reinbek 1985
Moggach, D., Rot vor Scham – Geschichte einer zerstörten Unschuld, Reinbek 1985
Steinhage, Rosemarie, Sexueller Mißbrauch an Mädchen. Ein Handbuch für Beratung und Therapie, Reinbek 1989
Enders, Ursula (Hg.), Zart war ich, bitter war's. Sexueller Mißbrauch an Mädchen und Jungen, Köln 1990

Medienhinweise

Vita, Donna/Mebes, Marion, Fachhandel für Materialien gegen sexuellen Mißbrauch, Postfach 117, 1000 Berlin 61, Tel.; 030/4551456
Videofilm der Notrufgruppe Wien »Vergewaltigung« (zu beziehen über das Frauen-Medienzentrum »Bildwechsel«, Hamburg)
»Gewalt im Spiel«, Theatergruppe Rote Grütze, Berlin 1986
Extremities, USA 1985, VHS
Angeklagt, USA 1988, VHS

XVI. AIDS

»Nach einer Umfrage haben 40 % der Bundesbürger Angst davor, an AIDS zu erkranken. Die täglichen Berichte in den Medien sind sicher nicht ganz unschuldig daran. Spekulationen und Gerüchte haben viele Menschen verunsichert. Man spricht bereits von einer Jahrhundertseuche, einer neuen Geißel der Menschheit, der wir alle hilflos ausgesetzt sind. Aufklärung tut not. Denn sachliche Information ist der erste Schritt auf dem Weg in Richtung Schutz vor AIDS« (Zitat aus einer Informationsbroschüre der AOK, Stand: 9/85).

Daher stellt sich die Frage:
- Was ist AIDS, und wie kann frau mit dem Krankheitserreger HIV infiziert werden?
- Wie können sich Mädchen/Frauen davor schützen?
- Welche Betroffenheit löst die AIDS-Gefahr bei Mädchen/Frauen aus?

Ziele

- Informieren über die HIV-Infektionswege und das Krankheitsbild AIDS.
- Gelegenheit geben, sich mit dem Problem AIDS bezüglich der eigenen Person und des eigenen Verhaltens auseinanderzusetzen.
- Kennenlernen von Schutzmöglichkeiten vor der Infektion mit HIV-Viren und Kennenlernen von lokalen Beratungsstellen etc.
- Anleiten zum positiven Umgang mit HIV-Infizierten.

1. AIDS haben nur die anderen ...

M 14: Fragebox
M 24: Besuche und Erkundungen

Die ersten AIDS-Kranken waren Männer, Homosexuelle, Drogenabhängige, Freier usw. Daß aber auch Frauen betroffen waren/sind, wurde erst später deutlich. Da Angst sprachlos macht, sollen zunächst anonym und schriftlich per Fragebox Fragen gesammelt werden. Teamerinnen oder eingeladene Mitarbeiterinnen der AIDS-Hilfe sollen ausschließlich die Fragen beantworten.

In einigen Städten in Deutschland gibt es schon Frauengruppen zum Thema »Frauen und AIDS« – z.B. die Frauengruppe bei der AIDS Hilfe e.V. in Frankfurt am Main –, die eingeladen oder besucht werden können.

2. Jede so gut, wie sie kann – dann werden wir es schon schaffen

M 12: Metapherübungen

Um zu sehen, wie der Wissensstand der Mädchen ist, bietet sich die Methode »Satzergänzungen« an.
Beispiele dazu können sein:

AIDS konfrontiert Menschen ...

AIDS bedeutet ...

AIDS verführt ...

AIDS betrifft Mädchen/Frauen ...

AIDS betrifft Jungen/Männer ...

AIDS löst in heterosexuellen Partnerschaften ...

AIDS tangiert lesbische Beziehungen ...

AIDS schafft Distanz ...

AIDS schafft Mißtrauen ...

AIDS darf nicht ...

AIDS ist nicht ...

AIDS wird ...

AIDS könnte ermöglichen ...

Nach dieser Übung besteht die Möglichkeit, die Bedeutung von AIDS in Zweiergruppen zu klären:

AIDS bedeutet für mich ...

Anschließend können die Ergebnisse im Plenum zusammengetragen werden. Hier sollen noch offene Fragen beantwortet werden. Mögliche Auswertungsfragen wären:

– Wo habe ich Vermutungen angestellt, wo nicht?
– Welchen Klischees/Vorurteilen unterliege ich?
– Wie komme/kam ich dazu?
– Was können wir Mädchen/Frauen tun, damit mit der AIDS-Angst sinnvoll umgegangen wird?

3. Kondom-Frühjahrsmodenschau: Frau geht nicht mehr ohne aus

Kondome bieten einen doppelten Schutz: als Verhütungsmittel und als AIDS-Schutz. In Form einer Werbekampagne sollten Mädchen sich mit den Vor-/Nachteilen von Kondomen auseinandersetzen.

Das folgende Spiel ist unter dem Titel »Kondome für Frauen« denkbar. Als Material müssen verschiedene Filzstifte und trockene Kondome zur Verfügung gestellt werden. Die Gruppe wird in zwei Teams aufgeteilt.

Team A hat folgende Aufgabe:

Stellt Euch vor, Ihr seid ein Team von Produktmanagerinnen, die ihr Produkt (das Kondom) an alle Mädchen und Frauen des Landes mit Erfolg verteilen wollen. Dazu werden die Kondome mit Luft gefüllt und mit werbewirksamen Sprüchen und Sätzen angepriesen. Ihr habt ca. 45 Minuten Zeit für die Planung Eurer Werbekampagne und die Vorführung.

Die Aufgabe von Team B ist:

Stellt Euch vor, Ihr seid ein Team von Pharmaindustriemanagerinnen, die durch das Kondom den Verkauf pharmazeutischer Produkte in Gefahr sehen. Ihr plant eine Anti-Kondom-Kampagne für alle Mädchen und Frauen des Landes. Ihr habt ca. 45 Minuten Zeit für die Planung und Vorführung Eurer Kampagne.

Anschließend erfolgt der Austausch der Ergebnisse und eine Diskussion der Vor- und Nachteile.

Literaturhinweise

Rühmann, Frank, Eine Krankheit und ihre Folgen, Frankfurt 1985
Universität Dortmund – Institut für Sexualpädagogik/Pro familia – LV NRW (Hg.), »Trotz
AIDS – Gib Sexualpädagogik eine Chance«. Dokumentation zum II. sexualpädagogischen
Kongreß NW, 1989 (Bezug: ISP, Postfach 104117, 4600 Dortmund)
Surowa u.a., Stop AIDS! Mit Wissen, Gummi und Gefühl. Unterrichtsmaterialien für die Se-
kundarstufe I. Die Schulpraxis, Mülheim
Münster, Johannes/Birk, Ulrich-Arthur, AIDS und Kinder. Jugendhilfe- und sozialrechtliche
Situation, Münster 1988
Rosenbrock, AIDS kann schneller besiegt werden. Gesundheitspolitik am Beispiel einer In-
fektionskrankheit, Hamburg 1986
Süßmuth, Rita, AIDS – Wege aus der Angst, Hamburg 1987
Bundeszentrale für gesundheitliche Aufklärung (Hg.), Unterrichtsmaterial zum Thema AIDS
für 9. und 10. Klassen, Stuttgart 1987
Dunde, Siegfried (Hg.), AIDS – was eine Krankheit verändert. Sexualität und Moral, der Ein-
zelne und die Gesellschaft, Frankfurt 1986
Zander, Der Regenbogen. Tagebuch eines AIDS-Kranken, 1987
Urhahn, Franz (Hg.), No Sex No Drugs Nur Rock 'n' Roll. Jugend und AIDS, Frankfurt 1989

Medienhinweise

Brunos bunte Bühne/Dortmund: »AIDS mich nicht an«
Aue/Medienwerkstatt Franken e.V.: »Noch leb ich ja – ein AIDS-Kranker erzählt«,
58 Min./Farbe, 1986, Verleihgebühr: 50 DM (Bezugsadresse: Medienwerkstatt Franken e.V.,
Rosenaustr. 7, 8500 Nürnberg 80)
Mit AIDS l(i)eben – Medienpaket für die sexualpädagogische Arbeit (2 Tonkassetten mit Be-
gleitbuch), hergestellt von der Network Medien Cooperative (Bestelladresse: Hessisches So-
zialministerium, Dostojewskistr. 4, 6000 Frankfurt)
Schlimm genug, BRD 1988, Regie: *Karin Steffen, Hartmut Horst*, 25 Min., Verleih: Medien-
kooperative, Potsdamer Str. 96, 1000 Berlin 30
AIDS (1. Prävention – 2. Solidarität – 3. Information). Drei Sendungen des Westdeutschen
Schulfernsehens 1987, je 15 Min. Verleih: Landes- und Kreisbildstellen

Adressen von Einrichtungen, die informieren und beraten

Pro Familia – Deutsche Gesellschaft für
Sexualberatung und Familienplanung e.V.
Bundesgeschäftsstelle
Cronstettenstr. 30
6000 Frankfurt 1

Institut für Sexualpädagogik Dortmund
Heidrun Wendel
Postfach 104117
4600 Dortmund
Tel.: 0231/816584

Bundeszentrale für gesundheitliche Aufklärung
Postfach 910152
5000 Köln 91
Telefonberatung: 0221/892031

FFGZ – Feministisches Frauen Gesundheitszentrum e.V.
Bamberger Str. 51
1000 Berlin 30
Tel.: 030/2139597

Zentralstelle zur Förderung der Mädchenarbeit
Studtstr. 20
4400 Münster
Tel.: 0251/20701

AIDS-Hilfe e.V.
Nestorstr. 8–9
1000 Berlin 31
Tel.: 030/89606–0

Teil B: Berufsorientierung

I. Einleitung

Mädchen wollen heute qualifizierte Berufe erlernen. Sie wollen Unabhängigkeit und Selbständigkeit und einen Beruf, der ihnen Spaß macht, und sie wollen Familie und Partnerschaft: alles gleichzeitig und lebenslang.

So steht es in fast jeder neuen Untersuchung über Wünsche und Lebensorientierungen von Mädchen (Heinz/Krüger 1985; Lemmermöhle-Thüsing 1988; Brigitte-Studie 1988).

Die Widersprüche, die Mädchen und junge Frauen hierbei auszuhalten haben, erfahren sie zum Teil schon in ihrem Berufsorientierungsprozeß – als Schülerin, Ausbildungsplatzsuchende oder Erwerbslose. Sie werden konfrontiert mit Stereotypen zum Frau-Sein. Sie erleben durch Betriebspraktika schon in der Schulzeit den geschlechtsspezifisch geteilten Arbeitsmarkt, mit Hierarchien und Gehältern, der Frauen die unteren Ränge zuteilt. Sie haben erhebliche Probleme, Zugang zu handwerklichen und technischen Berufsbereichen zu bekommen, und sie sehen die Ignoranz gegenüber Doppelbelastung und Doppelarbeit von Frauen durch die einseitige Zuständigkeit für Hausarbeit und Kindererziehung.

Mädchen müssen besonders stark sein, wenn sie diesen vielfältigen Widerständen etwas entgegensetzen wollen. Sie müssen trotzig sein, wenn sie etwas anderes wollen, als brav ihre Rolle der zuverdienenden Ehefrau oder als vorübergehend Berufstätige, vor allem in sogenannten frauentypischen Bereichen, auszufüllen. Sie müssen willensstark sein, wenn sie zukunftssichere Arbeitsplätze bekommen wollen, und mutig, wenn sie im gewerblich-technischen Bereich arbeiten wollen. Sie müssen durchsetzungsfähig sein, wenn sie »gar« lebenslang Geld verdienen und Kindererziehung und Haushalt mit ihrem Partner gerecht teilen wollen.

Kraft, Mut, Trotz und eigener Wille sind allerdings Eigenschaften, die bei Mädchen nicht besonders gefördert und in ihrem Sozialisationsprozeß (immer noch) systematisch unterdrückt werden. In Mädchentreffs und Mädchengruppen der Offenen Jugendarbeit und Bildungsarbeit sind Chancen gegeben, dem entgegenzuwirken. Dazu müssen Freiräume (und ganz praktisch Mädchenräume) eröffnet werden, in denen Mut gemacht, Phantasie entwickelt und Durchsetzung geübt werden kann, um den Berufsorientierungsprozeß der Mädchen und jungen Frauen zu unterstützen. Wichtig ist dies nicht nur für die Älteren: die Schulabgängerinnen und die Erwerbslosen, sondern auch für die jüngeren Mädchen, die Schülerinnen. Sie sollen, je eher, desto besser, lernen, daß auch sie »ungewöhnliche« Arbeiten verrichten und bisher kaum erprobte Fähigkeiten entwickeln können, so daß z.B. Sägen, Bohren, Hämmern für sie ganz selbstverständliche Tätigkeiten werden.

Um den obengenannten Ansprüchen gerecht zu werden, sind methodische Vorschläge in diesem Teil des Buches vor allem zu den Schwerpunktthemen »Geldverdienen« (Kap. VI), »Hausarbeit« (Kap. VII), »Lebensplanung« (Kap. VIII) und »Technik« (Kap. X–XII) entwickelt worden. Begonnen wird jedoch – quasi analog zum biographischen Prozeß der Berufsorientierung – mit methodischen Vorschlägen zur Selbsteinschätzung und zum Kennenlernen der eigenen Interessen, Neigungen und Fähigkeiten (Kap. II–V); weiter geht es mit den schon erwähnten Schwerpunktthemen; zum Ende kommt der konkreter werdende berufsinformierende Teil: zum Einmündungsprozeß in Ausbildung oder Arbeit (Kap. XIII–XV).

Es wurde versucht, Methodenvorschläge zu entwickeln, die möglichst wenig an Schule erinnern und die den Mädchen mehrere und verschiedene Lern- und Erlebnisebenen bieten: die sozialkommunikative Ebene, die geistig-analytische und die emotional-körperliche. Dies ist notwendig, da Widersprüche durch konträre Rollenanforderungen häufig erst »bauchmäßig« erspürt werden, ehe sie »kopfmäßig« gesehen und analysiert werden können.

Es soll an dieser Stelle auch noch einmal betont werden, daß soziale bzw. pädagogische Gruppenarbeit neben dem Einzelgespräch bzw. der Einzelberatung in der berufsorientierenden Mädchenarbeit unverzichtbar sein sollte. Sie kann vor allem erwerbslosen Mädchen zugute kommen, um diese z.B. aus ihrer häuslichen Isolierung zu holen, in die viele verschwinden bzw. gesteckt werden. Sie kann Mädchen und junge Frauen für Neues interessieren, Neugier wecken, Mut machen, um so ihre beruflichen und persönlichen Chancen zu verbessern.

Das ist jedoch nur die eine Seite bzw. Aufgabe der Frauen oder Teamerinnen in der Mädchenarbeit. Die andere Aufgabe heißt: Öffentlichkeitsarbeit für die (noch neue) Mädchenarbeit zu betreiben und eine Stellvertreterinnenfunktion für die Mädchen zu übernehmen. Die berufsorientierende Mädchenarbeit verlangt nicht nur die Anwendung des gelernten sozialpädagogischen Handwerkszeugs und eine frauenpolitische Einstellung, sondern es bedeutet auch kundiger Umgang mit statistischen Materialien und Informationen, kurz: das »Auf-dem-Laufenden-Bleiben« in Sachen aktueller politischer und wirtschaftlicher Entwicklungen auf dem örtlichen, aber auch überregionalen und bundesweiten Arbeitsmarkt (hierzu im Anhang an die Anleitung eine Liste mit Zeitschriften und Fachbroschüren).

Nützlich ist es, wenn frau zudem in der Lage ist, Statistiken, die die prekäre Lage der Mädchen/jungen Frauen enthalten, durch z.B. graphische Umsetzung, lesbarer machen zu können.

Dazu ein Beispiel: Die Gesamtzahl der arbeitslosen Jugendlichen unter 20 Jahren schwankte in den Jahren 1977 bis 1986 zwischen knapp 71.000 und 192.000. Der prozentuale Anteil von arbeitslosen Mädchen unter 20 Jahren bewegte sich in dieser Zeit immer zwischen 49 % und 60 %. Der Prozentsatz der Jungen war mit 39 % bis 50 % im Durchschnitt also immer um 10 Prozentpunkte niedriger! Setzt frau die Zahlen graphisch um, z.B. als Säulen, so werden Statistiken anschaulicher, leichter lesbar und verständlich (siehe Graphik S. 68).

Hinweise zur weiteren Information

BRIGITTE-*Untersuchung (Hg.),* Kind? Beruf? Oder beides?, München 1988

Heinz, Walter/Krüger, Helga u.a., »Hauptsache eine Lehrstelle«. Jugendliche vor den Hürden des Arbeitsmarktes, Weinheim und Basel 1985

Lemmermöhle-Thüsing, Doris, Mädchen und Berufsfindung, in: *Stadt Wuppertal/Parlamentarische Staatssekretärin für die Gleichstellung von Frau und Mann, NRW (Hg.),* Berufswahlorientierung von Mädchen und Frauenerwerbsarbeit, Wuppertal 1989

Zeitschriften und Fachbroschüren für die überregionale Information zu den Themen: Arbeitsmarktsituation – Jugendarbeitslosigkeit – Geschlechtsspezifischer Arbeitsmarkt – Berufsbildung – Alternativökonomie – Gemeinnützige und soziale Projekte

- 1. »*Landesarbeitsamt – Presseinformation*«
  Hg. Landesarbeitsamt, z.B. Nordrhein-Westfalen,
  Presse- und Öffentlichkeitsarbeit
  Josef-Gockeln-Str. 7
  Postfach 5540
  4000 Düsseldorf 1
- 2. »*Strukturdatenuntersuchung*« der örtlichen Arbeitsämter, wird erstellt auf der Basis der Arbeitslosenzahlen des jeweils letzten Septembers. Ist auf Anfrage ab ca. Januar/Februar bei der zuständigen Pressestelle eines Arbeitsamtes erhältlich!

Arbeitslose Jugendliche unter 20 Jahren im Jahresdurchschnitt 1977–1986, bezogen auf das gesamte Bundesgebiet

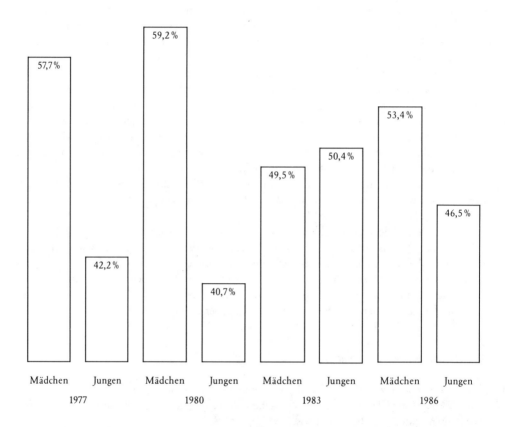

Eigene Berechnungen, nach: Amtliche Nachrichten der Bundesanstalt für Arbeit: Jahreszahlen – Arbeitsstatistik 1986, S. 74, Sondernummer, Nürnberg, 16.7.1987.

- 3. *CEDEFOP* = Europäisches Zentrum für die Förderung der Berufsbildung
  Bundesallee 22
  1000 Berlin 15
  Tel.: 030/884120
  – diverse Studien zu Jugendarbeitslosigkeit/Frauenerwerbstätigkeit usw.
  Nach Aufnahme in den Verteiler werden Informationen über neue berufsbildende Studien im europäischen Vergleich zugesandt. Ebenso:
- 4. *»CEDEFOP-News«:* Berufsbildung in Europa (auf deutsch), Hg. s. Nr. 3.
  Erscheint mehrmals jährlich, enthält Informationen über neue Entwicklungen im Bereich der Berufsbildung. (Zusendung über Aufnahme in Verteiler!)
- 5. *»WSI-Mitteilungen«*
  Zeitschrift des Wirtschafts- und Sozialwissenschaftlichen Instituts des DGB, erscheint monatlich, als Abonnement oder per Einzelbestellung zu beziehen über:
  Bund-Verlag GmbH
  Hanse Str. 63 a
  Postfach 900840
  5000 Köln 90
- 6. *»IFPA-Nachrichten«:* Initiative Frauen-Presse-Agentur. Aktuelle monatliche Information aus feministischer Sicht, im Abonnement (24 DM im Jahr) zu beziehen über:
  Büro der Fraueninitiative 6. Oktober
  Kirschallee 6
  5300 Bonn 1
  Tel.: 0228/216913
- 7. *»KOFRA-Informationsdienst«,* Kommunikationszentrum für Frauen zur Arbeitssituation e.V., zweimonatlich erscheinende Informationen aus feministischer Sicht, im Abonnement (20 DM im Jahr) zu beziehen über:
  KOFRA
  Baldestr. 8
  8000 München 5
  Tel.: 089/2010450
- 8. *»Streit«,* feministische Rechtszeitschrift, erscheint viermal jährlich (Einzelheft à 12 DM), zu beziehen über:
  (Frauen-)Buchhandel oder:
  Renate Blümler,
  Stegstr. 34
  6000 Frankfurt 70
- 9. *»Frauen und Arbeit«,* Hg. DGB-Bundesvorstand, Abt. Frauen, erscheint monatlich, Bezug über Aufnahme in den Verteiler:
  DGB-Bundesvorstand, Abt. Frauen,
  Hans-Böckler-Str. 39
  4000 Düsseldorf 30
- 10. *»BBJ-Consult-Info«,* Hg. Verein zur Förderung kultureller und beruflicher Bildung von Jugendlichen und jungen Erwachsenen e.V.
  Schwerpunkthefte erscheinen mehrmals jährlich, z.B. zu den Themen »Frauenprojekte«, »Arbeitsplätze selber schaffen«, »Überbetriebliche Ausbildung« etc., Bezug über:

BBJ-Consult
Tempelhofer Ufer 23–24
1000 Berlin 61
Tel.: 030/21909227
- 11. *Informationen von Frauenbüros:*
  - bei örtlichen Frauenbüros/Gleichstellungsstellen erfragen. Die Anschriften aller 1986 bestehenden Frauenbüros incl. der Angabe der bisherigen Veröffentlichungen lassen sich auch nachlesen im Anhang des Buches von: *Marita Haibach u.a.:* »Frauen sind nicht zweite Klasse – Frauenpolitik für Gleichstellung«, Hamburg 1986 (über Buchhandel).
- 12. *»Contraste«,* Zeitung für Selbstverwaltung, erscheint monatlich (nur im Abonnement zu 36 DM im Jahr), zu beziehen über:
  Contraste-Vertrieb
  Postfach 104520
  6900 Heidelberg 1
- 13. *»Frankfurter Rundschau«,* Samstagsausgabe:
  Die Frauenseite in der Magazin-Beilage enthält häufig interessante und sorgfältig recherchierte Beiträge zu Frauenthemen.

II. Status, Ansehen, erste Berufsvorstellungen

Durch einen Beruf stellt man nicht nur etwas dar, Berufe lassen sich auch darstellen. In den folgenden Übungen geht es zum einen wortwörtlich um die Darstellung von Berufen und Tätigkeiten in Form einer Pantomime; zum anderen geht es um das Thema »Beruf« allgemein: Welche Vorstellungen und Wünsche werden damit verbunden – hinsichtlich des konkreten Arbeitsplatzes, der einzelnen Tätigkeiten, der Höhe des Verdienstes, der KollegenInnen und des Ansehens, das man durch einen Beruf erlangt.

Ziele

– Klärung und Erweiterung des Kenntnisstandes über Berufe und Tätigkeiten.
– Wecken von Neugier auf unbekannte, fremde Tätigkeiten.
– Aufklärung über bestimmte mystifizierte Berufe.
– Motivierung zur Aufnahme einer qualifizierten Ausbildung.
– Einübung des Umgangs mit nonverbalen Darstellungs- und Ausdrucksformen.

1. Was stellst Du denn dar?

M 15: Ratespiele und Erkundungs- und Suchspiele
M 18: Darstellungsspiele (Theater, Pantomime, Schminkspiele)

Mit der Frage: Welche Berufe, welche Arbeitsstellen sind Euch bekannt? leitet die Teamerin eine kurze Denkpause ein, in der jedes einzelne Mädchen zunächst für sich die ihr bekannten Berufsbezeichnungen und Tätigkeiten auf kleine Zettel schreibt.
Die Teamerin sollte ebenfalls einige – den Mädchen nicht geläufige – Berufe aufschreiben, um so im Spiel berufsbezogene Informationen weitergeben zu können.
Die Berufe auf den Zetteln werden als Pantomime dargestellt, die von der Mädchengruppe erraten werden müssen.
Bis hierhin hat die Übung überwiegend spielerischen Charakter und ist auch für ganz junge Mädchen geeignet. Für ältere Mädchen, d.h. Schülerinnen, die vor der Berufswahlentscheidung stehen, ist die oben beschriebene Übung ein Einstieg, der folgendermaßen vertieft werden kann: Im Anschluß an die Pantomime wird alles Wissenswerte über die erratenen Berufe ausgetauscht und auf einer Wandzeitung festgehalten. Beispiel: Omnibusfahrerin: Berufskraftfahrerin im Personenverkehr; Führerschein Klasse 2, Kenntnisse: Straßenverkehrsordnung, geographische Kenntnisse, Kfz-Kenntnisse über die technischen Einrichtungen des eigenen Fahrzeugs. Zweijährige Berufsausbildung, die für Omnibusfahrerinnen im Personenverkehr erst mit Vollendung des 21. Lebensjahres möglich wird.
Zusätzlich sollten der Verdienst, die Weiterbildungs- und Aufstiegsmöglichkeiten, Arbeitsorte, Branchen etc. einzelner Berufe benannt werden. Die Teamerin sollte offensichtliche Desinformationen sofort korrigieren bzw. dazu anregen, daß sich die Mädchen genaue Informationen besorgen (z.B. im BIZ = Berufsinformationszentrum des Arbeitsamtes).

Weiterführende Fragen könnten sein:
- Welchen Unterschied macht es, ob man mit einer abgeschlossenen Berufsausbildung oder ohne eine Qualifikation an einem Arbeitsplatz arbeitet? (Tarifverträge, Lohnhöhen, Kündigungspraktiken, Weiterbildungsmöglichkeiten etc.)
- Welche Unterschiede gibt es zwischen zwei- bzw. dreijährigen Ausbildungsberufen und Angelernten- bzw. Ungelerntentätigkeiten?
- Welche Qualifikationsunterschiede gibt es in beruflicher Hinsicht zwischen Handwerks- und Industriebetrieben?
- Nach welchen Kriterien lassen sich verschiedene Branchen oder Bereiche, wie etwa der Dienstleistungssektor, der Handel, die Verwaltung, die Produktion etc. unterscheiden?
- Welche Schulabschlüsse braucht man für welche Berufe, bzw. welche Veränderungen haben sich in den letzten Jahren ergeben? (Vgl. dazu z.B. die nachfolgende Tabelle.)

Tätigkeits-bereich	Erwerbstätige insgesamt	ohne Berufsabschluß		mit Lehre oder Be-rufsfachschule		mit Fachschul-abschluß		mit Hochschul-abschluß	
		1000 /	%	1000 /	%	1000 /	%	1000 /	%
Büro allgemein:									
1982:	3116	680	22 %	2239	70 %	112	5 %	85	3 %
2000:	3047	355	12 %	2296	75 %	104	3 %	293	10 %
Veränderung									
1982 zu 2000:	−68	−325		+57		−8		+208	
Reinigung, Hauswirtschaft, Bewirtung									
1982:	1363	863	63 %	463	34 %	27	2 %	10	1 %
2000:	1360	677	49 %	607	45 %	35	3 %	47	3 %
Veränderung									
1982 zu 2000:	−3	−192		+144		+8		+37	

Quelle: Auszug aus Übersicht 2: »Der Wandel des Qualifikationsbedarfs nach Tätigkeitsbereichen und vier Stufen, 1982 bis 2000«, in: *Friedmann Stooß*, Wirkungen moderner Bürotechnik auf kaufmännische Berufe, Mat AB Nr. 8, Nürnberg 1987, S. 4

Literaturhinweise

Bundesanstalt für Arbeit/örtliches Arbeitsamt, Die zwölf Tätigkeitsbereiche, Faltblatt, o.J.
Bundesanstalt für Arbeit, Beruf aktuell, Nürnberg 1990 (wird jedes Jahr aktualisiert und ist kostenlos beim Arbeitsamt zu erhalten bzw. wird jeder Schulabgängerin ausgehändigt!)
Bundesinstitut für Berufsbildung (BIBB) (Hg.)/Brenner, H., Die Ordnung der staatlich anerkannten Ausbildungsberufe, Reihe: Berichte zur beruflichen Bildung, Heft 48, Berlin 1982
BIBB (Hg.)/Alt, Christel u.a., Hilfen zur Berufsfindung und Ausweitung des Berufswahlspektrums für Mädchen – Ausgangslage, Maßnahmen und Erprobungsergebnisse, Reihe: Berichte zur beruflichen Bildung, Heft 71, Berlin 1985
Braun, Frank/Gravalas, Brigitte, Die Benachteiligung junger Frauen in Ausbildung und Erwerbstätigkeit, München 1980
Stooß, Friedemann, Wirkungen moderner Bürotechnik auf kaufmännische Berufe, Nürnberg, Mat/AB 8/87

Medienhinweise

Berufskundliche Kurzfilme. Videofilme
Serie: Wegweiser und Beruf. Videofilme
Duale Ausbildung. Darstellung der Berufsausbildung in der Bundesrepublik Deutschland in einem Klein- und einem Großbetrieb. 1985, Video in Farbe, 10 Min.
Bezug (alle 3 Angaben): Deutsches Filmzentrum e.V., Postfach 2504, 5300 Bonn 1

III. Erkennen der eigenen Fähigkeiten – Fertigkeiten – Interessen

Spätestens in der Pubertät erfahren Mädchen, daß es eine Geschlechterhierarchie gibt und sie in ihr den unteren Platz einnehmen. Was gesellschaftlich vorgegeben ist, wird nun auch von Mädchen reproduziert: Eigene Fähigkeiten, Fertigkeiten, Neigungen, Interessen und Tätigkeiten werden abgewertet oder negiert. Was Mädchen mit Jungen zusammen machen, wird nun als wichtiger angesehen, ist interessanter, auch wenn die Mädchen nur dabeistehen dürfen, wenn er sich mit der Fußballclique trifft oder sein Motorrad repariert. Wenn Mädchen eine Gruppe bilden, sollten sie nicht nur zusammensitzen und reden, sondern auch gemeinsam aktiv werden, um auf diese Weise ihre eigenen Fähigkeiten und Interessen (wieder) zu entdecken und um Spaß am Zusammensein mit anderen Mädchen zu erleben.

Ziele

– Erkennen und Ausbilden der eigenen Fähigkeiten und Fertigkeiten.
– Einüben verschiedener Formen von Selbstdarstellung.
– Anregen zu gemeinsamen Tätigkeiten und zu selbstorganisiertem Lernen sowie dazu, die passive Konsumhaltung zu problematisieren und möglichst abzubauen.

1. JE KA MI (Jede Frau kann mitmachen)

M 23: Markt der Möglichkeiten

Wenn Je Ka Mi angekündigt wird, sollte *jedes* Mädchen irgendeinen für ihr Hobby oder ihre Interessen charakteristischen Gegenstand mitbringen, z.B. eine Gitarre, ein Buch, einen Judoanzug, ein Foto, etwas Wolle usw. In einer Gesprächsrunde erläutert dann jedes Mädchen sein besonderes Interesse: wie lange es das macht, warum es damit angefangen hat, ob es autodidaktisch gelernt hat oder bezahlten Unterricht nimmt. Die Teamerin sollte bei negativen Äußerungen (z.B. »... aber das kann ich nicht so gut«) versuchen, positiv korrigierend einzugreifen.

Auf einer großen Wandzeitung werden die Aktivitäten der Mädchen festgehalten. Als nächstes wird ein mehrwöchiger Plan für die Mädchengruppe aufgestellt, so daß jedes Mädchen sein Wissen/Können, seine Interessen an die anderen Mädchen weitergeben kann. Das heißt: Jedes Mädchen steht einmal im Mittelpunkt der Gruppe und zeigt den anderen etwas, entweder mit Hilfe der Teamerin (die mit vorbereitet und organisiert) oder mit Hilfe einer weiteren Fachfrau. Zum Beispiel könnte die Gitarrenspielerin – auch wenn sie erst ein Lied begleiten kann – mit Hilfe von Liederbüchern und Percussionsinstrumenten (Rasseln, Trommeln, Schellen usw.) einen »Rocknachmittag« machen.

Die Judokämpferin könnte, mit Hilfe z.B. von Büchern bzw. Abbildungen, einige Selbstverteidigungsgriffe zeigen.

Der mehrwöchige Plan für den Mädchentreff könnte auch unter ein bestimmtes Motto gestellt werden, z.B. »Zirkus-Nachmittage« oder »Handwerkerinnentreffen« usw.

Medienhinweise

»Wir sind stark und zärtlich«. Video- oder 16mm-Film, Farbe, 43 Min., von *Katrin Seybold* (Bezug: Barfuss Film Verleih, Schillerstr. 52, 7800 Freiburg)
Der Bericht aus einer Mädchengruppe soll Interesse wecken und aufzeigen, was alles in einer Mädchengruppe gemacht werden kann und wie sich die Erfahrung der Gemeinschaft mit anderen auf jedes einzelne Mädchen auswirkt.
»Warten, bis Lili kommt«. Videofilm und Begleitmaterial vom Sender Freies Berlin und der Bundeszentrale für gesundheitliche Aufklärung, 1982 (Bezug: Bundeszentrale für gesundheit-liche Aufklärung, Postfach 910152, 5000 Köln 91 oder bei den Landesfilmbildstellen)

IV. Berufstätig sein

Die Vorstellungen über das »Berufstätig sein«, d.h. über den konkreten Arbeitsalltag und Tagesablauf, sind geprägt durch die Erfahrungen mit Eltern, Verwandten, Nachbarn, vielleicht auch durch ältere berufstätige Freunde und Freundinnen. Diese beeinflussen die Wünsche und Vorstellungen hinsichtlich des eigenen Lebensplanes, den jede ausgesprochen oder unausgesprochen im Kopf hat.

Gerade Mädchen, die einen Hauptschulabschluß anstreben, reduzieren ihre eigenen Wünsche und Vorstellungen im Laufe ihres Berufsorientierungsprozesses aufgrund der arbeitsmarktpolitischen Realitäten. Eine Konzentration in den Ausbildungsberufen Verkäuferin, Friseurin, Bürohilfs- und -fachkraft – oft mit anschließender Arbeitslosigkeit – ist die Folge (Krüger 1986, S. 23; Braun/Gravalas 1980, S. 10). Nur ein besonderes Beharrungsvermögen, Durchsetzungskraft und ständige Bewerbungen können es ermöglichen, diesen Teufelskreis zu durchbrechen.

Ziele

- Austauschen von Informationen über schon bekannte berufliche Realitäten.
- Verständigung über positive Erwartungen und negative Befürchtungen hinsichtlich des Berufsalltags.
- Erkennen und Benennen von Lebensplänen.
- Korrektur falscher oder romantischer Vorstellungen.

1. »O Göttin, ab morgen hab' ich eine Stelle!«

M 10: Brainstorming

Die Gruppe macht zunächst ein Brainstorming zum Thema: Was heißt das eigentlich, berufstätig zu sein? Welche Informationen habe ich, und was bedeutet mir Arbeit? (vgl. dazu auch Brun 1985 und Gorz 1985)

In Stichworten werden die Äußerungen auf eine Wandzeitung geschrieben (zur Visualisierung und Erinnerung). Mit der Frage: Ab morgen hast Du eine Stelle – was verändert sich alles in Deinem Leben? geht es weiter.

M 6: Verteilungskuchen

Mittels eines Verteilungskuchens bewertet jede für sich, was in der neuen Situation nun mehr Raum oder Zeit (symbolisiert durch die Größe der Kuchenstücke) in ihrem Leben beansprucht. Es sollen möglichst viele Gesichtspunkte dabei beachtet werden, z.B.:

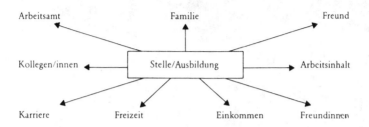

2. Die Zukunft liegt nicht in den Sternen, sondern fest in Deiner Hand

M 6: Verteilungskuchen

Ebenfalls über einen »Verteilungskuchen« könnte die Frage beantwortet werden: Was ist mir heute in meinem Leben wichtig? Zu bedenken wären folgende Gesichtspunkte:
freie Zeit – Arbeitszeit – Wochenende
Eltern – Freund – Freundinnen
Geld verdienen – Taschengeld
eigene Anschaffungen – Konsum – Hobby – Kurse
Unternehmungen – Abenteuer – Urlaub
Wohnort – Ortswechsel
Ausbildung – Weiterbildung – Karriere
Arbeitsplatzsicherheit – Job
Nachdem sich die Mädchen ihre Vorstellungen gegenseitig mitgeteilt haben, könnte ein zweiter Verteilungskuchen zu der Frage gemalt werden: Was wird mir in zehn Jahren wichtig sein oder was im Alter von 30 Jahren?

Literaturhinweise

Brun, Rudolf (Hg.), Erwerb und Eigenarbeit, Frankfurt 1985
Braun Frank/Gravalas, Brigitte, Die Benachteiligung junger Frauen in Ausbildung und Erwerbstätigkeit, München 1980
Gorz, André, Wege ins Paradies, Berlin 1985
Jahoda, Marie, Wieviel Arbeit braucht der Mensch?, Weinheim und Basel 1983
Krüger, Helga, Berufliche Motivation von Mädchen, in: *Wannseeheim für Jugendarbeit e.V. (Hg.),* Weiblichkeit als Chance – Berufliche Qualifikation von Mädchen, Berlin 1986 (Bezug: Wannseeheim für Jugendarbeit e.V., Hohenzollernstr. 14, 1000 Berlin 39)

V. Traumberufe und Berufswünsche

Erste berufliche Vorstellungen entwickeln sich früh, oft schon im Grundschulalter (und früher), also vor der Pubertät. Da wollen Mädchen Sängerin werden, Stewardeß oder Prinzessin. Mit zwölf, dreizehn, vierzehn Jahren jedoch erscheinen Hauptschülerinnen ganz realistisch zu erreichende Berufe – wie etwa der der technischen Zeichnerin, der Elektrikerin oder Verkäuferin – schon als unerreichbare Traumberufe, da sie wissen, daß ein Hauptschulabschluß heute weniger zählt (Krüger 1986, S. 22f). Typische Frauenberufe wie Friseurin und Bekleidungsnäherin werden dann als Alternative benannt und im Nachhinein als wirklich gewollt interpretiert.

Um sich nicht zu vorschnell mit dem scheinbar Realistischen zufriedenzugeben und um den Phantasien noch Raum zu geben, sollten Mädchen ihre Traumberufe und Berufswünsche ausführlich besprechen und beraten können, und sie sollten vor allem das Gefühl bekommen, mit ihren Träumen ernstgenommen zu werden.

Ziele

- Informieren über Berufe, Berufwahl und Ausbildungsweg.
- Formulieren beruflicher Vorstellungen.
- Anregen, den Phantasien hinsichtlich der eigenen Zukunftsvorstellungen nachzugehen.

1. Mannequin, Astronautin oder Millionärin?

M 7: Bildcollagen

Zum Thema »Mein Traumberuf« stellt jedes Mädchen eine Collage her. Im Vorgespräch oder während des Suchens von Bildern für die Collage wird der Begriff »Traumberuf« andiskutiert:
- Was ist ein Traumberuf?
- Was heißt Traumberuf für mich persönlich? Was weiß ich davon?
- Was würde der Traumberuf in meinem Leben verändern?

Wichtig ist bei diesem Collagen-Thema die Wahl der Zeitschriften. Um die Phantasie der Mädchen nicht einseitig zu fixieren, sollten nicht nur Illustrierte oder Modejournale ausgelegt werden, sondern gerade auch solche Zeitschriften, die ganz normale, berufstätige Frauen zeigen (z.B. in Info-Heften oder Broschüren des Arbeitsamtes).

Nach Fertigstellung der Collagen stellen alle Mädchen ihre Bilder vor:
- Welchen Beruf habe ich dargestellt?
- Warum ist das mein Traumberuf?
- Strebe ich diesen Beruf an, oder habe ich ihn schon aufgegeben?
- Was mache ich, wenn für mich der Traumberuf unerreichbar ist?

Literaturhinweise

Bergmann, Simone, Make up. Fotomodelle erzählen aus ihrem Leben, Ravensburg 1981
Höke, Christiane, Wer keinen Mut zum Träumen hat ... Traumberufe als Ausgangspunkt der Berufsorientierung, in: päd. extra & demokratische Erziehung, Heft 9/1989, S. 19ff
Krüger, Helga, Berufliche Motivation von Mädchen, in: *Wannseeheim für Jugendarbeit e.V. (Hg.),* Weiblichkeit als Chance – Berufliche Qualifikation von Mädchen, Berlin 1986 (Bezug: Wannseeheim für Jugendarbeit e.V., Hohenzollernstr. 14, 1000 Berlin 39)

VI. Ohne Moos nix los –
die Bedeutung des Geld-Verdienens

Dazuverdienen, Taschengeld, Leichtlohngruppen, Doppelverdiener/innen, ehrenamtliche Arbeit sind Schlagworte, die ein bezeichnendes Licht auf die gesellschaftliche und materielle Bewertung von Frauen-Arbeit werfen. Petra Müller hat (mit den Zahlen von 1981) die Auswirkungen dieser Abwertung von weiblicher Arbeitskraft folgendermaßen dargestellt:

Ökonomische (Un)Abhängigkeit von Frauen

1981 lebten in der BRD 26.759.000 Frauen im Alter von 15 Jahren und darüber.
Hiervon waren:
- ohne eigenes Einkommen
  (abzüglich 4,8 % für die Gruppe »ohne Angaben«)   9.294.000
- erwerbstätig, aber ohne eigenes Einkommen
  (das sind die »Mithelfenden Familienangehörigen«)   839.000
- erwerbstätig, aber mit einem Netto-Einkommen
  unter 800 DM monatlich   2.797.000
- mit Einkommen aus anderen Quellen,
  aber unter 800 DM monatlich   <u>3.262.000</u>
                                                               16.192.000

Fazit: Mehr als 16 Millionen Frauen über 15 Jahre – oder 60,2 % – können mit ihrem eigenen Einkommen (Lohnarbeit, Rente, Arbeitslosen- oder Sozialhilfeunterstützung) ihren Lebensunterhalt nicht bestreiten. Sie sind damit ökonomisch abhängig vom Ehemann, von den Eltern, Verwandten, Freunden oder vom Staat.

(Quellen: Mikrozensus 1981, Fachserie 1, Reihe 3, S. 118 und
Fachserie I, Reihe 4.1.1., S. 41; Müller 1983, S. 23)

Diese Zahlen können exemplarisch zeigen, wie die finanzielle Abhängigkeit von Frauen aussieht. Dabei ist davon auszugehen, daß sich die Zahlenverhältnisse bis heute im Prinzip nicht geändert haben!
Jochem Langkau hat die »Lohn- und Gehaltsdiskriminierung von Arbeitnehmerinnen in der BRD« (so der Titel des Buches) für die Zeit von 1960 bis 1976 folgendermaßen errechnet:
»Von je 100 DM Lohn und Gehalt enthalten Arbeitgeber Frauen 1976 ca. DM 8 vor. Der Umfang geschlechtsspezifischer Lohn- und Gehaltsbenachteiligung hat gegenüber 1960, wo noch ca. DM 16 vorenthalten wurden, deutlich abgenommen« (Langkau 1979, S. 94).
Der geschlechtsspezifische Unterschied, der unbestreitbar immer noch vorhanden ist, kommt aber immer weniger dadurch zustande, daß Frauen aufgrund ihres Geschlechts weniger Geld bekämen, sondern »vielmehr dadurch, daß sie in Branchen, Berufspositionen und Qualifikationen konzentriert sind, die durchschnittlich geringere Löhne und Gehälter zahlen, und daß sie zunehmend von der Möglichkeit der Teilzeitarbeit Gebrauch machen« (Langkau 1979, S. 95).

Ziele

- Erkennen der Bedeutung der ökonomischen Unabhängigkeit für ein selbständiges und selbstbestimmtes Leben.
- Verdeutlichen der gesellschaftlichen Bewertung von weiblicher (Zu-)Arbeit und ihrer geringen Entlohnung.
- Problematisieren der typisch weiblichen Bescheidenheit.
- Lernen, eigene Forderungen zu stellen und die eigenen Fähigkeiten, Fertigkeiten, Qualifikationen selbst zu bewerten.

1. Die hat sich aber was geleistet!

Die Ausgangsfrage der Teamerin lautet: Wieviel Taschengeld hast Du zur Zeit zur Verfügung? Wieviel bekommt Dein Bruder, Dein Freund etc.?

In der Regel zeigt sich (leider) schon hier, daß Mädchen im Unterschied zu Jungen weniger Geld erhalten.

Weitere Fragen, die die Beziehung von Mädchen/Frauen zum Geld und Geldverdienen beleuchten und die in einem gegenseitigen Erfahrungsaustausch geklärt werden sollen, könnten sein:

- Welche Erfahrungen mit Geldverdienen habe ich schon gemacht?
- Welche Lohnformen habe ich kennengelernt: Stundenlohn, Akkordlohn, Lohnzuschläge, Brutto- und Nettolohn, Honorararbeit, steuerfreier Aushilfslohn, Ferienarbeit, Praktikantengehalt?
- Was bedeutet es mir, Geld zu verdienen?
- Wieviel möchte ich später mal verdienen, und mit welchem Beruf strebe ich diesen Verdienst an?
- Was sind eigentlich Doppelverdiener und Doppelverdienerinnen?

Medienhinweis

Faltblatt »Doppelverdienerinnen« (Bezug: Frauenbüro – Gleichstellungsstelle, Stadt Bielefeld, Altes Rathaus, 4800 Bielefeld 1)

2. He Chef, ich brauch' mehr Geld!

M 16: Rollenspiel

Hierbei handelt es sich um ein Rollenspiel, mit dessen Hilfe das Formulieren eigener Interessen, vor allem hinsichtlich des Themas »Gehalt«, geübt werden soll:

Folgendes Szenario wäre denkbar: Ein arbeitsloses Mädchen macht bei einem Arzt ein Probe-Praktikum ohne Bezahlung. Der Arzt will erst nach sechs Wochen Probearbeit entscheiden, ob er das Mädchen als neuen Arzthelferinnenlehrling einstellen möchte. Nach sechs Wochen erklärt er dem Mädchen, daß er sich noch nicht entscheiden kann und verlängert die Probearbeit um zwei Wochen. Nach einer weiteren Verlängerung der kostenlosen Arbeit wird das Mädchen aktiv ...

Dargestellt sollen werden: die Gespräche zwischen Arzt und Mädchen am Beginn des Arbeitsverhältnisses, nach sechs Wochen, acht Wochen und zehn Wochen.

Medienhinweis

Probezeit, Videofilm (Bezug: Medienkooperative, Potsdamer Str. 96, 1000 Berlin 30)

3. Märchenstunde: Gleicher Lohn für gleiche Arbeit

Für gleiche Arbeit muß jeder Arbeitgeber gleichen Lohn zahlen. Ob eine Arbeit jedoch tatsächlich *gleichwertig* ist, ist immer noch Interpretationssache und hängt ab:
- von der Arbeitsplatzbestimmung,
- von der Bewertung der »Geschicklichkeit«, die »z.B. in der Industrie bei Frauen als Ausdruck ihrer natürlichen Fähigkeiten, bei Männern als Qualifikation« gesehen wird (Zurmühl 1981, S. 50),
- von der Tatsache, daß die Lohngruppen 1 und 2 zwar beiden Geschlechtern offenstehen, aber faktisch nur in Frauenbetrieben angewandt werden.

Fazit: »Die Löhne der Frauen sind nicht auf lebenslange Erwerbstätigkeit und Alleinverantwortung für Kinder und Familie berechnet, trotz Grundgesetzanspruch der Gleichheit der Geschlechter und – seit 1977 – auch der Gleichheit ihrer Verantwortung für Beruf, Familie und Haushalt« (Zurmühl 1981, S. 58; siehe dazu auch § 1356, 1 BGB, Bürgerliches Gesetzbuch).

Nicht mal zu Weihnachten

Immer noch, auch 40 Jahre nach Verabschiedung des Grundgesetzes, das ja Gleichbehandlung von Mann und Frau garantiert, werden die Frauen bei der Entlohnung benachteiligt: Gleicher Lohn für gleichwertige Arbeit ist noch lange nicht realisiert. Auch bei den Sonderzahlungen wie Prämien oder Zulagen haben Frauen weiter das Nachsehen. Dies zeigte sich wieder bei den jetzt ausgezahlten Weihnachtsgratifikationen. Männliche Angestellte erhielten durchschnittlich 6.776,– DM, weibliche Angestellte lediglich 3.938,– DM an dieser Sonderzahlung. Männliche Arbeiter bekamen im Schnitt 3.987,– DM, Arbeiterinnen dagegen nur 2.285,– DM. Von wegen »fröhliche Weihnachten«!

(IFPA-Nachrichten [Initiative Frauen-Presse-Agentur], Dez. 1987, Nr. 62, Bonn)

M 24: Besuche und Erkundungen

Die Mädchengruppe bereitet eine Diskussion mit einem Gewerkschafter oder einer Gewerkschafterin zum Thema geschlechtsspezifische Lohnungleichheit vor und verbindet diese Diskussion mit einer Erkundung des örtlichen DGB-Hauses.

Teil der Vorbereitungen könnte neben der Vermittlung der oben angegebenen Informationen auch die Erfragung von Ausbildungsvergütungen (bei Kammern und Einzelgewerkschaften) sein, die je nach Branche in den Lohnhöhen differieren.

Fragenvorschläge an den Gewerkschafter oder die Gewerkschafterin:
- Wie entstehen Lohnunterschiede zwischen Männern und Frauen?
- Warum wird in einigen Branchen weniger bezahlt?
- Was ist gleichwertige Arbeit?
- Gibt es noch Leichtlohngruppen?
- Was wird in einem Tarifvertrag alles geregelt?
- Welche Aufgaben haben Gewerkschafter und Gewerkschafterinnen?
- Was ist ein gewerkschaftlicher Frauenausschuß/ein gewerkschaftliches Frauensekretariat?

Literaturhinweise

Colneric, Ninon, Von der direkten zur indirekten Diskriminierung der Frauen im Beruf, in: Zeitschrift »Arbeitsrecht im Betrieb«, Heft 2, 1986

Langkau, Jochem, Lohn- und Gehaltsdiskriminierung von Arbeitnehmerinnen in der Bundesrepublik Deutschland. Bestimmung und Analyse des geschlechtsspezifischen Einkommensabstands 1960–1976, Bonn 1979

Müller, Petra, Neuere Daten zur Frauenerwerbstätigkeit und -erwerbslosigkeit in der BRD, in: *Sozialwissenschaftliche Forschung und Praxis für Frauen e.V. (Hg.),* Neue Verhältnisse in Technopatria – Zukunft der Frauenarbeit, Beiträge zur feministischen Theorie und Praxis, Heft 9/10, Köln 1983

Pinl, Claudia, Das Arbeitnehmerpatriarchat, Köln 1977

Zurmühl, Sabine, Frauen, Reihe: Neue Didaktische Modelle, Berlin 1981

Medienhinweise

»Ist Frauenarbeit weniger wert?«, 16mm-Film, s/w, 12 Min. (Verleih: IG Metall, Wilhelm-Leuschner-Str. 78–85, 6000 Frankfurt)

»Frauen im Druck« von *Gitta Kuhlemann,* Agnes Handwerk BRD 1976, VHS, 40 Min. (Verleih: Bildwechsel, Rostocker Str. 25, 2000 Hamburg)

VII. Hausarbeit: Putzen oder Putz machen? – Lebensplanung

Hausarbeit heißt: unbezahlte Arbeit leisten, Kinder zu erziehen, eventuell Alte und Kranke zu betreuen, Putz-, Aufräum- und Organisationsdienste für sich und alle anderen Familienmitglieder zu erledigen. Hausarbeit umfaßt auch die unentgeltliche Arbeit zur psychischen und physischen Wiederherstellung der Arbeitskraft des Mannes. Die Deutsche Gesellschaft für Ernährung e.V. (Sitz in Frankfurt) errechnete, daß allein in der BRD Vollhausfrauen und Feierabendhausfrauen auf 45 bis 50 Milliarden Stunden Gratisarbeit im Jahr kommen. »Das heißt, die Gratisarbeit ist fast genauso umfangreich wie die gesamte Lohnarbeit«, nämlich 52 Milliarden Stunden in der Bundesrepublik.

»Bedenkt man (frau), daß diese Hälfte der gesamtgesellschaftlichen Arbeit, die Hausarbeit, fast ausschließlich von Frauen gemacht wird und daß Frauen außerdem ein Drittel der Berufsarbeit leisten, so bedeutet das: in der Bundesrepublik leisten Frauen zwei Drittel der gesamtgesellschaftlichen Arbeit, Männer nur ein Drittel. Frauen arbeiten also doppelt soviel wie Männer« (Schwarzer 1975, S. 210f).

Ziele

– Erkennen und Problematisieren des Zusammenhangs von geschlechtsspezifischer Arbeitsteilung im privaten Haushalt und der Situation auf dem Arbeitsmarkt.
– Stärkung des Selbstvertrauens, des eigenen Willens und des Durchsetzungsvermögens.
– Mut machen, die Arbeitsverteilung im eigenen (zukünftigen) Haushalt und im Elternhaushalt partnerschaftlich zu regeln.
– Kenntnis der Hauswirtschaft als Ausbildungsberuf und als bezahlter Beruf.

1. Hausarbeit: igitt!

M 8: Malaktion

Bei dieser Übung wird der Gruppenraum der Mädchen zu einer ganzen Graffitiwand. Mit Spraydosen oder, umweltfreundlicher, mit Pinsel und Farbe können die Mädchen auf die mit Packpapier verkleideten Wände ihre Meinungen und Einstellungen zur Hausarbeit dokumentieren.

Nach diesem ›Luft-Ablassen‹ gegen die meist ungerechte Verteilung der unbezahlten Hausarbeit sollte ein Erfahrungsaustausch in einem Rundgespräch stattfinden. Dabei sollte jedes Mädchen aufzählen, welche Arbeiten es (und seine Schwester/n) und welche Arbeiten sein Bruder/Vater (also die männlichen Personen im Haushalt) erledigen muß. Als Hilfestellung sollte sich jedes Mädchen seinen Tagesablauf vorstellen.

Die Teamerin schreibt die weiblichen und männlichen Hausarbeiten untereinander auf eine Wandzeitung und ergänzt eventuell fehlende Arbeiten, z.B. die Betreuung von kleinen Geschwistern und die Versorgung von alten Leuten etc. Die Aufstellung sollte eine geschlechtsspezifische Arbeitsteilung (so sie den Erfahrungen der Mädchen entspricht) deutlich erkennen lassen.

2. Immer muß ich alles machen!

M 16: Rollenspiel

Im Anschluß daran ist folgende Spurensicherung denkbar:
Die Mädchen notieren selbst erlebte Konflikte zum Thema Hausarbeit. Im Vordergrund sollten solche Problemkonstellationen stehen, in denen die Mädchen eine Hausarbeit deshalb nicht machen wollten, weil sie entweder etwas Wichtigeres vorhatten oder die Arbeitsverteilung als ungerecht empfanden. Die Konfliktsituationen werden reihum vorgelesen bzw. erzählt.
Eine Situation wird für ein Rollenspiel ausgewählt.
Falls die Mädchen keine selbst erlebten Konfliktsituationen nennen können, sollte die Teamerin einige Rollenspiel-Vorschläge vorher vorbereitet haben. Hier einige Beispiele:
1. Es ist Samstagnachmittag, 17 Uhr. Der Vater befiehlt seiner Tochter, erst das Unkraut im Garten zu jäten, bevor sie in die Disco ausgehen darf. Sie hat sich aber um 18 Uhr mit ihren Freundinnen verabredet. Wie verhält sie sich gegenüber ihrem Vater und ihren Freundinnen?
2. Wie jede Woche soll der Familienwagen gewaschen werden, innen und außen. Das ist Aufgabe von Tochter und Sohn. Kaum sind beide auf der Straße, verdrückt sich der liebe Bruder und läßt die Schwester mit der ganzen Arbeit allein. Was sagt der Bruder, was seine Schwester?
3. Es ist Sonntagmorgen, 3 Uhr. Es hat eine flotte Geburtsfeier in einer Wohnung gegeben. Vor einem Riesenberg von schmutzigem Geschirr, Gläsern etc. stehen vier Geschwister: zwei Jungen und zwei Mädchen. Die Eltern haben gesagt (vor der Feier): Ihr könnt so lange feiern, wie ihr wollt, aber mit dem Aufräumen wollen wir nichts zu tun haben, und morgens wollen wir in einer sauberen Küche frühstücken. Die Jungen sammeln die leeren Flaschen Bier ein und wollen dann ins Bett. Was machen die Mädchen?

Literaturhinweis

Freidank, Gabriele/Bundeszentrale für politische Bildung (Hg.), Reihe Gleichberechtigung, Heft 3: »Arbeit«, Baustein 1: Hausarbeit, geschlechtsspezifische Arbeitsteilung, Doppelbelastung, Bonn 1984

3. Frauenlos – kostenlos!

Anhand des folgenden Textes (Wyss 1976, S. 124) sowie der Daten über den Umfang von Hausarbeit im Verhältnis zur Erwerbsarbeit sollen folgende Fragen unter den Mädchen problematisiert werden (dabei soll nicht allgemein über die Situation von Frauen geredet werden, sondern möglichst konkret über die eigenen Erfahrungen und Planungen):
– Wieviel Hausarbeit wird zur Zeit von Deiner Mutter geleistet (täglich, wöchentlich), und welche Konsequenzen hat das für ihr Leben? Was heißt es, Vollhausfrau zu sein, einer Teilzeitarbeit nachzugehen usw.? (Wenn diese Frage nicht sofort beantwortet werden kann, sollten die Mädchen versuchen, einen Tag lang ein Stundenprotokoll von der

Hausarbeit ihrer Mütter anzufertigen (z.B. so: 7–8 Uhr: Frühstück zubereiten, Betten machen, spülen; 9–10 Uhr: einkaufen).

- Gibt es für Dich, für Mädchen/Frauen eine echte Wahlmöglichkeit zwischem dem Beruf der Hausfrau und einer Erwerbstätigkeit?
- Inwieweit rechnest Du damit, später einmal hauptverantwortlich für Haus- und Erziehungsarbeit zu sein? Planst Du z.B. für Dein Leben, auf Teilzeit zu arbeiten?
- Welche ›Männerberufe‹ erfordern, daß die Frau zu Hause bleibt, weil die Arbeitszeit lang, der Beruf schwierig ist und Kinder dabei nicht versorgt werden können? Was bedeutet das für die Haus-Frauen?
- Sind »Lohn für Hausarbeit« oder Taschengeld und Haushaltsgeld, gezahlt vom Ehemann/ Partner, eine Lösung? Was bedeutet die ökonomische Abhängigkeit vom Ehemann?

Arbeit aus Liebe

Hausarbeit ist Frauenarbeit. Frauen werden als das schwache Geschlecht bezeichnet. Aber Hausfrauenarbeit war nie eine Arbeit für Schwache, zu Großmutters Zeiten nicht und heute nicht. Ein Taxichauffeur (ein männlicher Beruf) verbraucht bei seiner Arbeit in der Minute 2,8 Kalorien, ein Uhrmacher 1,6 Kalorien, eine Hausfrau beim Bodenputzen 6,0 Kalorien; Hemdenbügeln ist – wenn man den Kalorienverbrauch vergleicht – eine körperlich schwerere Arbeit als der Bau einer Mauer. Männer verrichten Hausarbeit nur dann, wenn sie es berufsmäßig tun, wenn sie dafür angestellt und bezahlt werden. Es gibt männliche Fensterputzer, Tellerwäscher, Angestellte von Putzinstituten, Köche, Kellner. Alle diese Berufsleute verrichten Hausfrauenarbeit. Als lächerlich und unwürdig für einen Mann wird solche Arbeit nur dann angesehen, wenn sie zu Hause und ohne Bezahlung gemacht wird. Das Unwürdige daran ist also die Tatsache, daß die Hausfrau, die diese Arbeit verrichtet, in einer Art Leibeigenverhältnis steht, ohne Anrecht auf Lohn und Selbständigkeit. Wie bei einem Leibeigenen hängt es vom Wohlwollen und Gutdünken ihres Arbeitgebers ab, ob sie für ihre Mühe genügend entschädigt wird.

Hausfrauenarbeit von heute ist zwar leichter geworden, aber auch langweiliger und unselbständiger. Heute planen die Fabriken, was früher die Hausfrau plante. Der Werbechef der Konfitürenfabrik bestimmt, wie die Gläser mit Marmelade aussehen sollen. Der Küchenchef in der Suppenfabrik schmeckt die Soße ab, die die Hausfrau dann nur noch in heißem Wasser auflöst. Die Einkaufschefs der Warenhäuser wählen für sie die Farben der neuesten Kinderkleidchen aus. Kleider selber zu schneidern hat höchstens noch Sinn, wenn man es als Hobby betrachtet. Rentabel ist es – vorausgesetzt, man bewertet die Arbeitsstunden der Hausfrau genauso hoch wie die eines ordentlichen Handwerkers – nicht mehr.

Kauf mich, sagen die glänzenden Dinge in den Regalen des Supermarkts, und sie sind billiger und praktischer und schöner als alles, was man selbst herstellen kann. Um ihre Kassen zu füllen, denken sich die Produzenten all der Herrlichkeit immer neue Dinge aus, die man noch »brauchen könnte«. Die Hausfrauen laden sich damit die Taschen voll und kommen abends müde vom Einkaufen nach Hause. Wenn man einen Beruf hat, bei dem nichts Sichtbares entsteht, auch wenn man sich noch so abmüht und noch so müde davon wird, bleibt ein Gefühl der Unzufriedenheit zurück. Wenn man täglich dieselbe Arbeit verrichten muß und doch nie weiterkommt (Böden werden immer wieder schmutzig, Mägen wieder hungrig) und man fühlt sich wie der Sisyphos der griechischen Sage, dem rollt der Stein, den er den Berg hinaufschiebt, immer wieder herunter.

(aus: Hedi Wyss, Das rosarote Mädchenbuch, Frankfurt 1976, S. 124)

»Wir Frauen sind unbezahlbar«, von *Edith Schmidt/Beate Scheunemann*, BRD 1979, VHS, 45 Min. (Bezug/Verleih über: Bildwechsel-Frauenmedienladen, Rostocker Str. 25, 2000 Hamburg)
Über das Thema »Wert der Hausarbeit« gibt es auch immer wieder aktualisierte Gerichtsurteile, wenn Frauen beispielsweise aufgrund einer Erkrankung den Haushalt nicht versorgen können und Versicherungen Geld für den Ersatz/Arbeitsverlust zahlen sollen (evtl. bei der Verbraucherberatung nachfragen).

Eine Hausfrau mit zwei Kindern und einem Mann als Alleinverdiener hat täglich über 8 Stunden zu tun:
– mit Kinderbetreuung über 1 ½ Std.,
– mit Kochen 1 ½ Std.,
– mit Putzen und Aufräumen 1 Std. 20 Min.,
– mit Waschen, Bügeln, Flicken knapp 1 Std.,
– mit Einkaufen 40 Min.,
– mit Geschirrspülen 38 Min.,
– mit Gartenarbeiten u.a. 18 Min.,
– mit Reparaturen 6 Min.,
– Sonstiges 23 Min.
Würde für diese Arbeitszeit der Tariflohn einer Facharbeiterin zugrunde gelegt, hätte die Hausfrau einen Bruttomonatslohn von 3.240 DM (JUSOS 1986, S. 11).

---

4. Beruf: Hauswirtschafterin

Viele Mädchen werden durch Praktika, durch Berufsvorbereitungslehrgänge oder durch den ein- bis zweijährigen Besuch der Berufsfachschule (»besser als arbeitslos sein«) in das Berufsfeld Hauswirtschaft gedrängt. Deshalb ist es in diesem Zusammenhang notwendig, über die formalen Ausbildungs- bzw. Bildungsgänge und die Berufsabschlüsse zu informieren, um möglichst realistisch (am besten mit Hilfe eines Vertreters oder einer Vertreterin vom Arbeitsamt) die regionalen Arbeitsmarktchancen von Hauswirtschafterinnen/Hauswirtschaftshelferinnen/Angelernten abschätzen zu können.

M 24: Besuche und Erkundungen

Um das Berufsfeld »Hauswirtschaft« zu erkunden, könnten die Mädchen selbst bei Berufsschulen, Arbeitsamtsmaßnahmen, in Betrieben, Gaststätten, Küchen, Jugendberufshilfe-Projekten usw. nachfragen, welche Ausbildungsgänge und -möglichkeiten es im Bereich der Hauswirtschaft gibt. Sie könnten darüber hinaus Lehrlinge, Arbeitsberater, Personalleiterinnen u.a. nach Arbeitsplatzchancen befragen.

Weitere Fragen in diesem Zusammenhang könnten sein: Welche Fähigkeiten werden durch die Haushaltserziehung in der Familie erworben, und wo wird mit diesen Extraqualifikationen als Voraussetzung zur beruflichen Qualifikation gerechnet? Dazu könnten die Mädchen zunächst eine Liste der Tätigkeiten im Haushalt machen und dann die damit verbundenen Fähigkeiten benennen. Ein Beispiel: Die Betreuung von Kindern, das Besorgen von Einkäufen bedeutet: planen zu können, Organisationstalent zu besitzen.

Als nächstes könnte abgeklärt werden, in welchen Berufen hauswirtschaftliches Arbeiten vorausgesetzt oder als Nebentätigkeit erwartet wird, z.B. als Krankenschwester, Sekretärin usw.

Literaturhinweise

Bundesanstalt für Arbeit, Blätter zur Berufskunde: Hauswirtschafter/in, Nürnberg 1981
Jusos in der SPD, Blockierte Zukunft? Lebensperspektive junger Frauen in der Bundesrepublik, Bonn 1986
Rimele, Ursula/Ramme, Anna, Frauenberufe: Ausgebildet und was dann?, Heidelberg 1989
Rettke, Ursula, Die Strukturierung der Berufsfindung von Mädchen durch das hauswirtschaftliche Berufs- und Berufsfachschulsystem – Ein klassischer Übergang von Hauptschülerinnen in den Arbeitsmarkt, in: *Seidenspinner, Gerline u.a.,* Vom Nutzen weiblicher Lohnarbeit, Opladen 1984, S. 45ff
Schwarzer, Alice, Der »kleine Unterschied« und seine großen Folgen, Frankfurt 1975

Medienhinweise

Mädchen brauchen nichts zu lernen. 16mm-Film, 53 Min., 1976, von *Tamara Wyss u.a.*
Dokumentationsfilm, Teil 1: Hausfrauen sollen wir werden
Dokumentationsfilm, Teil 2: Aber Berufe wollen wir lernen
(Bezug: Zentralfilm, Friedensallee 7, 2000 Hamburg 50)

VIII. Kinder und Beruf!? (Lebensplanung)

> 1917: 50 % aller Erwerbstätigen sind Frauen.
> 1918: 20 % aller Erwerbstätigen sind Frauen.
> (Quelle: *Kutsch, Marlies,* Die Frau im Berufsleben, Freiburg 1979, S. 30f)
> 1950: 30,2 % Erwerbsquote von Frauen
> 1960: 33,4 % Erwerbsquote von Frauen
> 1965: 31,8 % Erwerbsquote von Frauen
> 1970: 30,3 % Erwerbsquote von Frauen
> 1975: 31,1 % Erwerbsquote von Frauen
> (Quelle: *Bundesministerium für Arbeit und Sozialordnung [Hg.],*
> Statistisches Taschenbuch 1985, Bonn 1985)
> 1980: 32,6 % Erwerbsquote von Frauen
> 1985: 35,9 % Erwerbsquote von Frauen
> (Quelle: *Statistisches Bundesamt [Hg.],* Frauen in Familie, Beruf,
> Gesellschaft, Ausgabe 1987, Mainz, S. 63)

Betrachtet man nur die Erwerbsquoten (das ist der Anteil der weiblichen Erwerbspersonen in Prozent der Wohnbevölkerung) von Frauen, die sich in den vergangenen 80 Jahren um 30 % bewegten (Statistisches Bundesamt 1987, S. 63), so sagt dies wenig über die tatsächliche Beteiligung von Frauen am Arbeitsmarkt aus. Vielmehr gelangt man so zu den nicht selten gehörten Behauptungen: Das Erwerbsinteresse von Frauen ist nur gering; oder: Frauen arbeiten nur phasenweise (vgl. Myrdal 1960). Ein differenzierterer Blick auf die Statistiken zeigt jedoch, daß vor allem Mütter ihr Erwerbsverhalten deutlich geändert haben. Jedoch:
»Dieser Trend ist nicht neu: Zwischen 1950 und 1971 steigt die Zahl aller erwerbstätigen Frauen um 17 %; die der verheirateten erwerbstätigen Frauen um 79 % und die der erwerbstätigen Mütter *um 351 %.* (...) Er setzt sich gleichbleibend fort: Zwischen April 1970 und Mai 1981 nimmt die Zahl aller erwerbstätigen Frauen um 843.000 zu, davon sind 719.000 verheiratet, 525.000 haben Kinder unter 18 Jahren. Das ist ein überproportionaler Anstieg von verheirateten Frauen und Müttern unter den erwerbstätigen Frauen« (Müller 1983, S. 17).
Nähme man die statistisch nicht aufgeschlüsselten, stundenweise arbeitenden Frauen hinzu (die nicht sozialversicherungspflichtig arbeiten), würde sich die Zahl der erwerbstätigen Frauen um ein Vielfaches erhöhen. Das heißt: Frauen sind, obwohl sie Kinder haben, in großer Zahl erwerbstätig.
Auch Mädchen planen heute Beruf *und* Kinder in ihr Leben ein, denn beides ist ihnen sehr wichtig. Jedoch vertrauen sie oft auf die illusionäre Möglichkeit des »Phasenmodells«, d.h. sie glauben an einen gelingenden Wiedereinstieg in die Berufstätigkeit nach der »Familienphase«.

Ziele

- Kennenlernen verschiedener Lebens- und Erwerbsarbeitskonzepte von erwerbstätigen Müttern.
- Erkennen der Organisationsprobleme bei Gleichzeitigkeit von Haus-, Erziehungs- und Berufsarbeit.

- Entwickeln und diskutieren eigener Lebenspläne.
- Förderung von Selbstvertrauen und Eigeninitiative.
- Einüben von Auseinandersetzungsformen bei Konfliktfällen.
- Informieren über den gesetzlichen Mutterschutz und das Erziehungsgeld.

1. Mädchenreporterinnen erkunden den Mütteralltag

M 19: Interview

Mit Hilfe eines aufgenommenen Interviews sollen die Mädchen Erfahrungen von Müttern sammeln, die stundenweise, teilzeitmäßig oder voll berufstätig sind und daneben noch Kind(er) und Haushalt zu versorgen haben.
Diese Gruppenarbeit verläuft über mehrere Treffen!
Beim *ersten Treffen* sollen die Mädchen zu Beginn den »Fragebogen zur Lebensplanung« ausfüllen und sich dann darüber austauschen:
- wann und wie viele Kinder sie in ihrem Leben haben wollen;
- ob sie planen zu heiraten, alleine zu leben oder über andere Lebens- und Wohnformen nachdenken;
- ob sie sich überlegen, einen Beruf zu wählen, der mit Kindererziehung besonders gut zu vereinbaren ist;
- ob sie sich einen Beruf aussuchen, mit dem sie sich ein Leben lang ernähren können;
- ob sie sich verschiedene Arbeitszeitformen in ihrem Leben vorstellen können/wollen;
- ob sie überlegen, welche Konsequenzen die Geburt eines Kindes für die Erwerbstätigkeit haben kann;
- was passiert, wenn sie schon vor oder in der Ausbildung schwanger werden.

Beim *zweiten Treffen* der Mädchengruppe soll die Aufgabe besprochen werden, nämlich in Zweier- oder Dreiergruppen Interviews mit erwerbstätigen Müttern (aus der Nachbarschaft) durchzuführen, um sie nach der Organisation von Alltags- und Berufsleben zu befragen. Folgende Fragen sollten bei der Interviewaktion berücksichtigt werden:
- Ist die Frau für alles (Haushalt, Kindererziehung, Erwerbstätigkeit) allein zuständig, oder verdient sie nur etwas ›nebenbei‹, etwa durch ein paar Stunden Putzen?
- Gibt es eine partnerschaftlichere Arbeitsverteilung, so daß die Frau wenigstens (versicherungspflichtig) teilzeit-arbeiten kann in ihrem erlernten Job? Oder gibt es gar eine gemeinsame Regelung, so daß beide einer Teilzeitarbeit nachgehen, solange die Kinder klein sind? Werden dabei auch die privaten Arbeiten gleichberechtigt geteilt?

Beim *nächsten Gruppentermin* hören sich alle gemeinsam die aufgenommenen Interviews an, wobei die Unterschiede in der Organisation von Berufs- und Beziehungsarbeit (Hausarbeit und andere unbezahlte Arbeit) noch einmal stichwortartig auf einer Wandzeitung festgehalten werden, um sie auch optisch zu verdeutlichen. Anschließend findet in einem Rundgespräch mit den Mädchen ein Erfahrungsaustausch zu ihren eigenen Lebenskonzepten statt. Folgende Fragen helfen dabei, die Diskussion zu strukturieren:
- Haben sich Eure Vorstellungen nach den Interviews mit den Müttern geändert? Wenn ja, warum und wohingehend? Welche neuen Vorstellungen sind hinzugekommen?
- Welche konkreten Lebensplanvorstellungen hat jede einzelne von Euch – im Vergleich zu den Fragebogen-Ergebnissen?

Fragebogen zur Lebensplanung von Mädchen

1) Wie alt bist Du, wenn Du eine Ausbildung/Arbeit nach der
   Schule anfängst, und wie lange möchtest Du dann arbeiten
   (unabhängig von den Möglichkeiten des Arbeitsmarktes)?
   ....

2) Willst Du Dich nach der Ausbildung oder später mal weiter-
   bilden und ´Karriere` machen?
   Wenn ja, wie und was? ....

3) Wann möchtest Du spätestens Dein erstes Kind bekommen?
   ....

4) Was machst Du nach der Geburt mit Deinem Arbeitsplatz?
   - weiterarbeiten wie bisher
   - Erziehungsgeld beziehen und nach einem Jahr weiterarbeiten
   - teilzeitarbeiten
   - nur noch stundenweise oder als Aushilfe arbeiten
   - was anderes arbeiten
   - den Arbeitsplatz aufgeben für einige Jahre ....
   - sonstiges: ....

5) Wann und wie möchtest Du wieder anfangen zu arbeiten?
   - mein Alter ......
   - Jahre ausgesetzt ......
   - Kind(er) wie alt ......
   - stundenweise
   - durch Weiterbildungskurse
   - mit einem neuen Beruf

6) Planst Du mehr als ein Kind zu bekommen, und was heißt
   das für Deine Erwerbstätigkeit? ....

— Kopiervorlage —

93

– Welche Erfahrungen bringt Ihr von zu Hause mit? Wie haben Eure Mütter das Problem Kinder und Erwerbstätigkeit gelöst? Mit welcher Lösung seid Ihr aufgewachsen, und was heißt das für Euer zukünftiges Leben?

Medienhinweise

Zum guten Schluß dann ich, 16mm-Film, s/w, von *Monika Ergert*, 1976, 50 Min. (Bezug: Hochschule für Fernsehen und Film, Ohmstr. 11, 8000 München 40)
Zehn Jahre hab ich auf eigene Sachen verzichtet, Videofilm von *Jutta Brückner*, 1981, 23 Min. (Bezug: Landesbildstellen)
Einen Schritt weiter, Videofilm, Farbe, von *Karin Steffen*, 1982, 20 Min. (Bezug: Medienkooperative, Potsdamer Str. 96, 1000 Berlin 30)

Literaturhinweise

Müller, Petra, Neuere Daten zur Frauenerwerbstätigkeit und -erwerbslosigkeit in der BRD – Eine Analyse, in: *Sozialwissenschaftliche Forschung und Praxis für Frauen e.V. (Hg.)*, Neue Verhältnisse in Technopatria – Zukunft der Frauenarbeit, Beiträge zur feministischen Theorie und Praxis Nr. 9/10, Köln 1983
Myrdal, Alva/Klein, Violet, Die Doppelrolle der Frau in Familie und Beruf, Köln 1956
(Myrdal und Klein haben die These vom »Drei-Phasen-Erwerbsverhalten« von Frauen aufgestellt. Danach arbeiten Frauen jeweils [gegen Geld] in der Phase zwischen Schulende und Heirat bzw. vor der Geburt des ersten Kindes und in der Phase drei, nachdem die Kinder ›groß‹ sind. Die 2. Phase ist durch unbezahlte Haus- und Erziehungsarbeit geprägt.)
Landesinstitut für Schule und Weiterbildung (Hg.), »Mädchen fallen aus der Rolle«, Unterrichtsreihe für das 8.–10. Schuljahr zur Veränderung geschlechtsspezifischer Berufsentscheidung, Bonn 1987
Rudolf, Hedwig u.a., Ungeschützte Arbeitsverhältnisse – Frauen zwischen Risiko und neuer Lebensqualität
Statistisches Bundesamt (Hg.), Frauen in Familie, Beruf, Gesellschaft, Ausgabe 1987

IX. Das war schon immer so!? –
Frauenarbeit in der Geschichte

Frauen als Handwerkerinnen, als Ärztinnen, als Naturwissenschaftlerinnen: gibt es die erst seit diesem Jahrhundert? Gegen die Abwertung von weiblicher Arbeitskraft anzugehen heißt z.B. auch, sichtbar zu machen, was Frauen früher geleistet haben. In unseren Schulbüchern und in der Öffentlichkeit machen Frauen immer noch keine Geschichte. Tun sie es doch, werden sie nur allzuoft verschwiegen. Feministische Historikerinnen gingen mit neuem Blick an die Geschichte. Eine von ihnen, Anke Wolf-Graaf, erkannte im Verlauf ihrer Arbeit: »Die Tatsache, daß viele der heute als Männerberufe bezeichneten Tätigkeiten im Mittelalter ebenso von Frauen ausgeübt wurden, kann für mich nur zur Folge haben, daß es gilt, alte Rechte wieder einzufordern und nicht, den Zugang zu diesen Berufen zu erbitten. In einigen Tätigkeitsbereichen hat im Mittelalter sogar im Vergleich zu heute eine umgekehrte Situation geherrscht. Im Bereich der Frauenheilkunde zum Beispiel: Sie lag ausschließlich in den Händen von Frauen. Männern war es bei Todesstrafe verboten, in diesem medizinischen Bereich tätig zu werden. Heutzutage ist die Gynäkologie eine ausgesprochene Männerdomäne« (Wolf-Graaf 1983, S. 7).

Ziele

- Aufhebung festgeschriebener Vorstellungen von weiblicher und männlicher Arbeit.
- Aufklärung über die Bedeutung von Frauenarbeit in den letzten Jahrhunderten.
- Sensibilisierung für aktuelle Ideen und Aktivitäten von Frauen.
- Üben von phantasievollen Darstellungsformen.

1. Wir holen sie ans Licht: Meisterinnen, Forscherinnen, Schriftstellerinnen – Frauen aus 10 Jahrhunderten

Um Frauenarbeit in der Geschichte sichtbar zu machen, könnte anhand der Bildchronik von Anke Wolf-Graaf (siehe Literaturhinweis) eine kleine Ausstellung gefertigt werden. Die Bilder sollten Frauen zeigen, die für unser heutiges Verständnis ungewöhnliche Arbeiten ausführen. Die Bilder könnten von den Mädchen z.B. fotokopiert und mit eigenen erklärenden Bildunterschriften versehen werden. Die Mädchen werden so zu Wissensvermittlerinnen und lernen nicht nur für sich selbst, sondern geben ihr Wissen an andere weiter.

2. Frauen im Museum

M 24: Besuche und Erkundungen

Frauen als Künstlerinnen sind in der Öffentlichkeit, in Ausstellungen, in Veranstaltungen usw. weniger präsent als männliche Künstler. Durch einen gemeinsamen Museumsbesuch könnte das sinnlich von den Mädchen wahrgenommen und problematisiert werden.

Folgende Fragen könnten an die Mädchen während des Rundgangs gestellt werden:
- Welche ausgestellten Bilder/Objekte/Skulpturen u.a. sind von Frauen, welche von Männern angefertigt?
- Welche Unterschiede gibt es, z.B. hinsichtlich der Anzahl der ausgestellten Objekte oder der Themenstellung?
- Wie werden Frauen als Kunstobjekte dargestellt? Gibt es Unterschiede zwischen männlicher und weiblicher Wahrnehmungsweise?

Ergänzend dazu könnte ein Besuch im ersten deutschen Frauenmuseum in Bonn durchgeführt werden und/oder zusätzliche Information zum Thema vom Frauenmuseum (Im Krausfeld, 5300 Bonn) angefordert werden.

19: Interview

Darüber hinaus wäre auch zu überlegen, eine örtlich tätige Schriftstellerin/Malerin/Designerin/Fotografin/Bildhauerin zu einem Gespräch mit der Mädchengruppe einzuladen.

Literatur- und Medienhinweise

Bunz, Angelika, Hexenverfolgung, Mülheim o.J., (Bezug: Verlag Die Schulpraxis, Postfach 192251, 4330 Mülheim)
Das Erbe der Frauen e.V., Fest der 1000 Frauen 1986 in der Frankfurter Alten Oper, 154 Farbdias und Text sowie ein 30minütiger Videofilm mit Festatmosphäre, Frankfurt 1986 (Bezug: Das Erbe der Frauen e.V., Schneckenhofstr. 33, 6000 Frankfurt 70)
Kuhn, Annette/Montré, Wilma/Wirtz-Weinrich, Wilma, Geschichte nicht nur für Jungen, Unterrichtsmaterialien zur Rolle von Frauen in der französischen Revolution, in der industriellen Revolution und im Dritten Reich, o.O. 1986
Pusch, Luise, Berühmte Frauen. Kalender 1988, Frankfurt 1987
Wolf-Graaf, Anke, Die verborgene Geschichte der Frauenarbeit, eine Bildchronik, Weinheim und Basel 1983

X. Handwerk und Technik sind Frauensache!

Wenn Mädchen elektrische Näh- und Strickmaschinen bedienen, Schreibmaschinen benutzen und warten können, sich mit den vielen unterschiedlichen Sensortasten einer elektronischen Waschmaschine auskennen, dann halten das alle für normal; nehmen Mädchen aber eine Bohrmaschine in die Hand, eine Kreissäge oder einen schlichten Schraubenschlüssel, wird ihre Kompetenz angezweifelt, sie werden lächerlich gemacht oder als besonders begabte Ausnahme-Frauen auf ein ›Podest‹ gehoben (und somit auch nicht gleichgestellt). Von einem selbstverständlichen Umgang mit dieser männerdominierten Technik sind Mädchen/Frauen noch weit entfernt. Auf die Repräsentanz von Frauen in Technik- und Handwerksberufen hat das ebenfalls negative Auswirkungen.

Dabei zeigen Untersuchungen zur Berufsfindung immer wieder, »daß das Selbstvertrauen von Mädchen im Hinblick auf die Bewältigung von handwerklichen und technischen Aufgaben wächst, je häufiger und intensiver sie in diesem Bereich Erfolgserlebnisse gewinnen konnten. Je früher und selbstverständlicher Mädchen Gelegenheit haben, mit Metall, Holz und elektrotechnischen Bauteilen auch praktisch umzugehen, desto eher werden sie sich diese Arbeiten auch zutrauen und Sicherheit im Hinblick auf eine berufliche Orientierung in diesem Bereich gewinnen« (Stiegler 1986, S. 27). Deshalb sollte gerade in der Mädchenarbeit möglichst frühzeitig der Umgang mit technischen Fragestellungen und technischem Gerät geübt werden. Das bedeutet im einzelnen:

- Räume, Werkzeuge, Materialien zur Verfügung zu stellen, so daß Mädchen ungehindert von männlichem Dominanz- und Imponiergehabe ihr technisches Interesse entdecken, erproben und ausüben können;
- Kurse mit technischen Inhalten anzubieten, um das Interesse von Mädchen an entsprechenden Tätigkeiten zu wecken und zu fördern sowie Selbstbewußtsein und Selbstbehauptung in dieser Richtung zu stärken;
- Frauen zu gewinnen, die Anleitungen in diesen technischen Bereichen geben können – und dies deshalb, um Frauen als Vorbild in Handwerk und Technik selbstverständlicher werden zu lassen und um die Vermittlung von Technik mädchengerechter zu gestalten.

Ziele

- Wecken von technischem Verständnis für Alltagsgeräte, z.B. für Fahrräder, Autos, Haushalts- oder Elektrogeräte, Spiele, Kassettenrecorder.
- Stärken des Vertrauens auf eigene handwerkliche Fähigkeiten.
- Ausbilden von gebrauchswertorientierten Fähigkeiten und Erproben von diversem Werkzeug.

1. Mädchenpower – Fahrradpower (Pannen-Kurs)

Viele Mädchen haben ein eigenes Fahrrad, und erste Schritte in die anfangs beschriebene Richtung wären die selbständige Wartung und Reparatur des eigenen Rades. In einer Gesprächsrunde sollte zunächst allgemein über das eigene Verhältnis zur Technik gesprochen werden, welche eigenen Erfahrungen gemacht worden sind und ob und auf welche Weise

Bevormundungen durch Brüder oder Väter zutage traten. Reparaturgeübte Mädchen sollten in den Kurs integriert werden und als Helferinnen ihre Erfahrungen weitergeben können. Anhand von mitgebrachten oder gesammelten Fahrrädern (mit und ohne Gangschaltung) sollte dann die Funktion diverser Teile am Rad erklärt und benannt werden. Anschließend sollten sämtliche Fahrräder nach Sicherheitsrisiken bzw. Schäden durchgesehen werden, d.h. nach abgenutzten Bremsgummis, zu lockeren Bremszügen und Schrauben, defekten Ventilen, fehlender Beleuchtung und abgetretenen Pedalen usw. Nach einer kleinen Einführung in die Werkzeugkunde kann mit der praktischen Arbeit begonnen werden – zunächst mit dem Reifenflicken, dann mit der Reparatur der Beleuchtungsanlage, der Korrektur der Bremsanlage etc. (pro Arbeitsgang sollte ein Nachmittag angesetzt werden). Zum Abschluß des Kurses könnte die Gruppe einen Tagesausflug mit dem Fahrrad unternehmen.

Fotos, die während des Kurses gemacht wurden, könnten zu einer Dokumentation zusammengestellt werden, die das Arbeitsprojekt etwa unter dem Titel »Mädchen und Technik« in Form einer Zeitung, eines Plakates oder einer Ausstellung festhält.

Nachwort: Da es nicht leicht ist, eine ausgebildete Zweiradmechanikerin als Kursleiterin zu finden, sollte die Teamerin auch (fahrradfahrende) Mütter der Mädchen ihrer Gruppe ansprechen, ob sie nicht entsprechendes Wissen vermitteln könnten. Nicht wenige ältere Frauen haben sich dieses technische Wissen für den eigenen Gebrauch inzwischen selbst angeeignet, ohne daß ›große‹ Worte darüber verloren werden.

2. Mädchen machen Druck: Luftpumpen-Produktion

Wenn die kurzzeitige Nutzung einer Metall-Lehrwerkstatt z.B. während der Ferien möglich ist, könnte auch der Bau einer Standluftpumpe angegangen werden, um so leichte metallverarbeitende Tätigkeiten kennenzulernen und ein` konkretes Alltagsprodukt selbst herzustellen. Das Projekt »Standluftpumpe«, das Teil einer berufsorientierenden Maßnahme der Ruhrwerkstatt Oberhausen war, ist in einer Handreichung der Mitarbeiter/innen der Ruhrwerkstatt Oberhausen ausführlich geschildert worden (siehe Literaturhinweis).

3. Flippern für flotte Mädchen

Einer anspruchsvolleren Technik können sich Mädchen durch den Bau eines eigenen Flippers nähern, weil er als Einführung in die Computertechnik dienen kann. Ausführliche Bauanweisungen sind in der Broschüre »Flipper, Chips und Arbeitsplätze« enthalten (siehe Literaturhinweis).

Literaturhinweise

Baum Jost/Eßler, Bernd, Flipper, Chips und Arbeitsplätze, Mülheim o.J. (Bezug: Verlag Die Schulpraxis, Postfach 192251, 4330 Mülheim)
Herzog, Ulrich, Fahrradheilkunde, Ottersberg 1980
Herzog, Ulrich, Fahrrad für Kenner, Ottersberg 1981
Kuhtz, Christian, Tandem bauen aus Sperrmüllrädern. Reihe: Einfälle statt Abfälle, Kiel 1984

Mills/Aitken, Die Erfinderwerkstatt, Bd. I und II, Kreativität, Technisches Verständnis, Gebrauchsdesign, Mülheim 1987 (Bezug: Verlag Die Schulpraxis, Postfach 192251, 4330 Mülheim)

Ruhrwerkstatt Oberhausen, Projekt: Standluftpumpe. Modellversuch: Stadtteilorientiertes Verbundsystem zur stufenweisen Qualifikation benachteiligter Jugendlicher, Oberhausen 1987 (Bezug: Ruhrwerkstatt – Kultur-Arbeit im Revier e.V., Akazienstr. 107, 4200 Oberhausen)

Stiegler, Barbara, Berufswahlvorbereitung in der Schule, in: *Bundesministerium für Bildung und Wissenschaft,* Mädchen und Berufswahl: Technik alleine macht es nicht, BMBW-Studien Bd. 37, Bonn 1986

van der Plas, Rob, Die Reparatur des Fahrrads, Ravensburg 1981

Wolff, Veronika, FahrRad, Frankfurt 1980

XI. Frauenberufe – Männerberufe:
Der geschlechtsspezifisch geteilte Arbeitsmarkt

Von allen weiblichen Auszubildenden lernt fast die Hälfte (47,2 %, 1984) lediglich Berufe aus vier Bereichen, nämlich: Friseurin – Verkäuferin/Verkäuferin im Nahrungsmittelhandwerk/Einzelhandelskauffrau – Bürokauffrau/Bürogehilfin – Arzthelferin/Zahnarzthelferin (Rimele/Rommel 1986, S. 10). Dies bedeutet: 75 % der Mädchen/Frauen konzentrieren sich auf 15 Berufe (Frauenbüro Köln, o.J., S. 9), weil »die häufigsten Ausbildungsplätze für Mädchen (...) in den Berufen angeboten (werden), in denen es auch schon während der Ausbildungszeit um die rasche und zuverlässige Bewältigung von routinehaften Aufgaben geht« (Müller-Kohlenberg 1986, S. 58).

Aber man kann auch feststellen, daß es einen Trend weg von den Frauenberufen gibt (= über 80 % Frauenanteil), wenn man die Zahlen von 1977 mit denen von 1985 vergleicht. Zudem gibt es eine leichte Erhöhung des Anteils der weiblichen Auszubildenden in den Männerberufen (= 20 % Frauenanteil) in diesem Zeitraum, nämlich von 2,5 % auf fast 8 %.

Ziele

- Erkennen des geschlechtsspezifisch geteilten Arbeitsmarktes mit Männer-, Frauen- und Mischberufen.
- Informieren über den lokalen/regionalen Arbeitsmarkt und Problematisieren der Berufswahl von Mädchen.
- Überprüfen der eigenen Berufswahlentwicklung bestärken.
- Kennenlernen neuer Berufe und Erweiterung des Berufswahlspektrums.

1. Frauen- oder Männerberufe, oder was?

Auf vorbereiteten Kärtchen stehen Berufsbezeichnungen, die jeweils die weibliche und männliche Form aufweisen: z.B. Friseur/in – KFZ-Schlosser/in – Goldschmied/in – Optiker/in – Exportkaufmann/kauffrau – Industriemechaniker/in usw. Die Anzahl der Kärtchen richtet sich nach der Gruppengröße, d.h. pro Mädchen sollten ca. 5 Karten vorbereitet werden. Die Mädchen ziehen abwechselnd Karten und benennen sie spontan als Frauen-, Männer- oder Mischberuf und ordnen sie untereinander auf einer Pinnwand ein. (Unbekannte Berufsbezeichnungen werden unter ein Fragezeichen sortiert und später von der Teamerin erläutert.) In einem Rundgespräch erklären die Mädchen nun, warum für sie die Berufe, die sie sortiert haben, überhaupt Frauen-, Männer- oder Mischberufe sind. Dabei sollten nicht nur Vorkenntnisse über Berufsbilder ausgetauscht werden, sondern vor allem folgende Fragen abgeklärt werden:
- Welche Vorurteile und Geschlechtsrollenvorstellungen hängen mit Deiner Zuordnung zusammen?
- Welche Ausbildungs-, Fortbildungs- und Lohnunterschiede gibt es zwischen Männer-, Frauen- und Mischberufen? (Zu je zwei Berufen aus den drei Bereichen sollte die Teamerin konkrete Informationen eingeholt oder schriftlich vorliegen haben.)

Weibliche Auszubildende in ausgewählten Berufsgruppierungen 1977 und 1985 jeweils am 31. Dezember

Gruppe der Ausbildungsberufe	Weibliche Auszubildende				
	Insgesamt		Anteil an der Gesamtzahl der Auszubildenden	Anteil an der Gesamtzahl der weiblichen Auszubildenden	
	1977¹⁾	1985	1985	1977¹	1985
	Anzahl		Prozent		
Männlich dominierte Berufe (0–20% weibliche Auszubildende)	13000	59000	51	2,5	7,9
Überwiegend männlich besetzte Berufe (20–40% weibliche Auszubildende)	32000	49000	6	6,3	6,6
Gemischt besetzte Berufe (40–60% weibliche Auszubildende)	99000	149000	14	19,4	20,1
Überwiegend weiblich besetzte Berufe (60–80% weibliche Auszubildende)	126000	178000	12	24,7	23,9
Weiblich dominierte Berufe (80–100% weibliche Auszubildende)	240000	309000	17	47,1	41,5

¹) Gegenüber Berufsbildungsbericht 1984. Übersicht 47 Seite 73 geringfügig veränderte Werte

Quelle: *Statistisches Bundesamt (Hg.)*, Fachserie 11 Bildung und Kultur Reihe 3. Berufliche Bildung 1985. Berechnungen des Bundesinstituts für Berufsbildung

Aus: Bundesministerium für Bildung und Wissenschaft: Berufsbildungsbericht 1987, Bonn 1987, S. 100

– Inwieweit ist der örtliche/regionale Arbeitsmarkt durch eine Aufteilung in Männer- und Frauenberufe bestimmt?

2. Mit der Lupe auf der Suche oder: Was sagen uns Stellenanzeigen?

Je zwei Mädchen sehen sich die Stellenanzeigen einer Tageszeitung an. Sie sammeln, welche Firmen/Arbeitgeber vor Ort einseitige Ausschreibungen vornehmen, d.h. nur Frauen oder nur Männer suchen, und ob bzw. wie dies in der Anzeige begründet wird. Dabei erhalten sie auch einen Überblick über ortsansässige Firmen und den lokalen Arbeitsmarkt. (Seit 1988 können auch Stellenanzeigen im Radio gehört werden.) Die Auswertungen der verschiedenen Zeitungen werden zusammengetragen. Die Verstöße gegen das EG-Anpassungsgesetz »Gegen Diskriminierung von Frauen im Arbeitsleben« könnten registriert und aufgeschrieben werden und in einer gemeinsamen Aktion (z.B. in Form eines Zeitungsartikels) in der Öffentlichkeit bekannt gemacht werden.

3. Einen Männerberuf lernen? Die spinnt wohl!

Folgende Rollenspielvorschläge fallen ebenfalls in den Themenbereich Frauen- und Männerberufe:

M 16: Rollenspiel

1. Ein Mädchen sitzt zu Hause am Abendbrottisch und verkündet der Familie: »Ich möchte Werkzeugmacherin werden.« (Wichtig ist, einen männlichen Beruf zu wählen, dessen einzelne Tätigkeiten bekannt sind!) Die Familie reagiert unterschiedlich, zum Teil empört, zum Teil interessiert-freundlich, zum Teil aggressiv. Die Situation soll so gespielt werden, daß das Mädchen seinen Berufswunsch entweder durch Beharrungsvermögen und Standfestigkeit oder durch argumentative Auseinandersetzung verteidigt, sich also nicht abbringen läßt von diesem Berufswunsch und letzlich sein Interesse durchsetzt.
2. Ein Mädchen spielt einen Jungen, der den weiblichen Berufswunsch Arzthelferin hat. Szene und Vorgehen erfolgen wie im ersten Rollenspiel. Neben der Auswertung des Rollenspiels sollte jedes Mädchen für sich klären:
– Was bedeutet das für mich, meine Familie oder meinen Freundeskreis, wenn ich mich für einen untypischen Beruf entscheiden würde?
– Wie schätze ich meine(n) bisherigen Berufswunsch/wünsche ein? Handelt es sich um einen Frauen-, Männer- oder Mischberuf? Welche Überlegungen und Vorstellungen haben mich dazu gebracht, diesen Beruf zu wählen?

4. Arbeitsschutz – Schutz für wen?

Anhand des folgenden Textes könnte einerseits mit den Arbeitsschutzvorschriften bekannt gemacht werden. Andererseits könnte die Problematik des Frauenarbeitsschutzes, daß nämlich Frauen dadurch von bestimmten Berufen ausgeschlossen werden, andiskutiert werden.

Frankfurter Rundschau vom 16.8.1986
Noch immer gibt es Vorurteile
Zum Thema »Arbeitsschutz für Frauen«
von Christiane Gibiec

Mit den »Besonderheiten des weiblichen Organismus« und den »biologischen Aufgaben« der Frau werden spezielle Arbeitsschutzbestimmungen für weibliche Arbeitnehmerinnen gerechtfertigt. Neben besonderen Regelungen für werdende und stillende Mütter gibt es auch eine Reihe von Vorschriften, die Frauen aus ganzen Arbeitsbereichen, vor allem im gewerblich-technischen Bereich, ausgrenzen. So ist es zum Beispiel fraglich, ob die etwa 20 jungen Frauen, die zur Zeit in Nordrhein-Westfalen erstmalig zur Straßenwärterin ausgebildet werden, später auch in ihrem Beruf übernommen werden, denn ihre Konkurrenzfähigkeit gegenüber den Männern in diesem Beruf des Bauhauptgewerbes wird durch Arbeitsschutzbestimmungen erheblich eingeschränkt. Sie dürfen beispielsweise keine Lasten tragen, die zehn Kilogramm übersteigen. Nachtarbeit ist für Frauen im gewerblichen Bereich generell verboten – für nächtliche Winterstreudienste sind Straßenwärterinnen also nicht einzusetzen. Derartige Arbeitszeitbeschränkungen sollen den Frauen ermöglichen, genügend Zeit für ihre »Pflichten in der Familie« zu finden.
Ob freilich das tiefere Motiv für solche einschränkenden Bestimmungen in einer »besonderen Fürsorge« für die Frauen und »ihrem Schutz durch die Gemeinschaft« – wie es in einigen Begründungen heißt – zu suchen ist, daran lassen arbeitswissenschaftliche Untersuchungen schon seit einigen Jahren geraume Zweifel aufkommen. Denn »typische« Frauenarbeitsplätze sind nicht nur schlecht bezahlt, sondern weisen auch häufig ganz besondere Belastungsschwerpunkte auf. Zwangshaltungen, Monotonie, Zeitdruck und wenig eigener Entscheidungsspielraum sind Faktoren, die von Arbeitsmedizinern als psychisch und physisch außerordentlich belastend beschrieben werden, in Arbeitsschutzbestimmungen bisher jedoch noch keinen Niederschlag gefunden haben.
Mit Sinn und Unsinn des Frauenarbeitsschutzes in der Bundesrepublik hat sich die Diplom-Ingenieurin Dr. Dagmar Müller in ihrer Dissertation am Fachbereich Sicherheitstechnik der Gesamthochschule Wuppertal auseinandergesetzt. Dabei ist sie zu erstaunlichen Ergebnissen gekommen. Daß vermeintlich objektive Daten, die zur Begründung der These von der Schwäche der Frauen herangezogen werden, oft im Licht von Vorurteilen interpretiert werden, verdeutlichte Dagmar Müller, indem sie die Statistiken der Stolper- und Sturzunfälle, die Frauen besonders häufig erleiden sollen, einer kritischen Analyse unterzog. Bislang herrschte in der Fachliteratur die Meinung vor, daß neben der größeren Eile auch ungünstiger Knochenbau, geringere Knochenfestigkeit und falsche Fußbekleidung die Stolper- und Sturzneigung der Frauen begünstige. Bei genauerer Betrachtung des statistischen Materials ergab sich jedoch ein Bild, das biologische Faktoren als vollkommen unerheblich ausweist. Daß Frauen auf dem Weg zur Arbeit häufiger stürzen als Männer, so stellte Dagmar Müller fest, ist darauf zurückzuführen, daß sie doppelt so häufig zu Fuß gehen und fast doppelt so häufig öffentliche Verkehrsmittel benutzen, ihr Risiko zu stürzen also ungleich höher ist. Bezogen auf die Arbeitsbereiche, in denen Frauen besonders häufig Stolperunfälle erleiden, ergab sich, daß in den für sie typischen Berufen wie Büroangestellte oder Verkäuferin Stürze generell die Hauptunfallquelle darstellen. Bei richtiger Lesart, so filterte die Sicherheitsingenieurin aus dem komplizierten Datenmaterial heraus, ergab sich unter Berücksichtigung der relativen Gesamthäufigkeit aller Arbeitsunfälle, daß Männer insgesamt 1,3 mal öfter stürzen als Frauen. Als Bilanz zeigt die Unfallanalyse von Dagmar Müller, daß Unfallschwerpunkte keine geschlechtsspezifischen Ursachen haben, sondern viel wesentlicher vom Alter der Arbeitnehmer/Arbeitnehmerinnen und von der Art und Dauer ihrer Tätigkeit abhängen.

Das Hauptargument, Frauen Arbeitsplätze im gewerblich-technischen Bereich vorzuenthalten, ist ihre gegenüber den Männern geringere körperliche Belastbarkeit. Im Bergbau, in Kokereien, in der Metallerzeugung und -verarbeitung, auf Fahrzeugen und in der See- und Binnenschiffahrt unterliegen sie deshalb Beschäftigungsverboten oder -einschränkungen. In der Tat können Frauen statistisch gesehen 30 Prozent weniger Muskelkraft entwickeln als Männer. Analysiert man jedoch die vorliegenden Untersuchungsergebnisse genauer, so ergibt sich, daß Durchschnittszahlen wenig Aussagekraft haben. Zum einen gibt es durchaus Männer, deren Muskelkraft unter dem Durchschnitt liegt, und Frauen, die überdurchschnittlich stark sind. Diese Personengruppen werden jedoch vom Arbeitsschutz nicht erfaßt. Zum zweiten ist für schwere Muskelarbeit die Leistungsfähigkeit des Herz-Kreislaufsystems bestimmender als die reine Muskelkraft. Diese hängt jedoch auch bei Männern vom relativen Fettanteil im Körper ab, so daß sich hier starke Schwankungen ergeben, die ebenfalls nicht berücksichtigt werden. Hinzu kommt, daß in den letzten Jahren wirklich schwere Muskelarbeit zunehmend von Maschinen übernommen wird. Andererseits gibt es typische Frauenberufe wie Krankenschwester oder Serviererin, in denen Frauen ständig schwere Lasten tragen müssen.

Die starken Abweichungen von Durchschnittswerten und die unterschiedlichen Anforderungen der einzelnen Arbeitsgebiete – so das Fazit von Dagmar Müller – rechtfertigen globale geschlechtsspezifische Arbeitsschutzbestimmungen nicht.

Das Vorurteil, Frauen unterlägen durch ihren Menstruationszyklus stärkeren Leistungsschwankungen als Männer, wird durch neuere Untersuchungen ebenfalls widerlegt. Zwar sind Leistungsschwankungen während des weiblichen Zyklus diagnostiziert worden, jedoch deuten japanische und amerikanische Studien darauf hin, daß Männer ebenfalls periodischen Hormonschwankungen ausgesetzt sind. »Über das weibliche Geschlecht und seine Hormonschwankungen haben sich sehr viele Wissenschaftler geäußert«, resümiert Dagmar Müller, »es ist allerdings zu beklagen, daß Forschungen hinsichtlich des männlichen Geschlechts vernachlässigt wurden.«

Der einzige Bereich, in dem die Autorin uneingeschränkt eine besondere Schutzwürdigkeit der Frauen gelten lassen will, ist die Zeit der Schwangerschaft und die Stillzeit. Nur hier ist eine körperliche Beeinträchtigung der Frauen wirklich objektiv und generell nachweisbar. Alle anderen besonderen Arbeitsschutzbestimmungen für Frauen lehnt Dagmar Müller dagegen ab. Ihrer Meinung nach müssen die Arbeitsschutzbestimmungen, vor allem an gefährlichen Arbeitsplätzen grundsätzlich verbessert werden – auch für die Männer.

Der geltende Arbeitsschutz, das verdeutlicht die Arbeit von Dagmar Müller, ist geschlechtsdiskriminierend und nimmt auf biologische Realitäten kaum Bezug. Er grenzt einerseits Frauen aus Bereichen aus, in denen sie den Männern durchaus gleichwertige Leistungen erbringen können. Andererseits schützt er beide Geschlechter nur sehr unzureichend vor wirklichen Gefahren.

Literaturhinweise

Engelbrech, Gerhard, Ausbildungs- und Berufswahl von Mädchen, in: Materialien aus der Arbeitsmarkt- und Berufsforschung (MAT/AB) Nr. 6, 1983, Nürnberg 1985

Frauenbüro der Stadt Köln, Ausbildungsberufe für Mädchen: Verkäuferin, Friseuse und was noch?, Köln o.J.

Gewerkschaft Handel, Banken und Versicherungen im DGB, Nutze Deine Rechte, Frauenarbeitsschutz, Düsseldorf 1981

Kraft, Hermine, Mädchen in Männerberufen, in: MAT/AB Nr. 3, 1985, Nürnberg 1985

Müller-Kohlenberg, Gerhard, Berufsberatung des Arbeitsamtes, in: *Bundesministerium für Bildung und Wissenschaft,* Mädchen und Berufswahl: Technik alleine macht es nicht, Reihe: Studien, Bd. 37, Bonn 1986

Rimele, Ursula/Rommel, Charlotte, Mädchen und Berufsausbildung, Heidelberg 1986

Stadt Essen/Gleichstellungsstelle (Hg.), Arbeitsrecht für Frauen, Essen 1989

Medienhinweis

Weiß ist die Farbe des Verlierers, 16mm-Film von Ulrike Pohl, 1975, 29 Min. (Bezug: Landeszentrale für politische Bildung, NRW, 4000 Düsseldorf 1)

XII. Mädchen lernen schweißen, feilen, sägen, bohren ...

Als Folge der Modellversuche »Erschließung gewerblich-technischer Ausbildungsberufe für Mädchen« sind in mehreren Städten Übungswerkstätten/Probewerkstätten, auch Schnupperwerkstätten für Mädchen genannt, entstanden. Im Rahmen berufsorientierender Veranstaltungen haben hier Mädchen einen Tag oder aber eine längere Zeitspanne von bis zu vier Wochen Gelegenheit, ihr Interesse an der Metall- und Holzverarbeitung, im Maler- und Baubereich, an Elektroarbeiten u.ä. zu testen. Die Werkstätten sind meist Teil einer überbetrieblichen Einrichtung oder einer kommunalen Lehrwerkstatt.

Ziele

– Kennenlernen gewerblich-technischer Arbeiten und Ausbildungsberufe.
– Diskussion über Ziele und Zwecke der bisherigen Modellversuche »Mädchen in Männerberufen«.
– Motivierung zu eigenen Erkundigungen und Praktika.
– Besichtigung einer Schnupperwerkstatt.
– Darstellung der Erkundung mittels Kassettenrecorder, Fotoapparat u.a.

1. Hörspiel-Werkstatt – Werkstatt im Hörspiel

M 20: Hörspiel

Die Teamerin informiert zunächst über Ziel und Zweck der Schnupperwerkstatt. Gemeinsam mit den Mädchen werden weitergehende Fragen an die Teilnehmerinnen in der Werkstatt und an den/die Werkstattleiter/in formuliert. Die Antworten sollen per Kassettenrecorder dokumentiert werden. Während der Besichtigung könnten zusätzlich Fotos oder Dias von der Werkstatt gemacht werden. Somit könnte die Besichtigung zu einem Dokumentations-Hörspiel verarbeitet werden.
Wichtige Hilfsmittel sind:
– Mikrofon-Aufnahmen der Mädchengruppe auf dem Weg zur Schnupperwerkstatt,
– ein Interview einer Teilnehmerin in der Werkstatt,
– Geräusche von Maschinen und Erläuterungen dazu,
– ein Interview mit dem/der Werkstattleiter/in,
– ein Interview mit einer Besucherin aus der Mädchengruppe.
Die Besichtigung könnte aber ebensogut zu einer Hör-Reportage werden, in der die Interviewerinnen ihre Besichtigung der Werkstatt beschreiben; oder sie könnte zu einer schriftlichen Reportage mit Fotos führen, die Teil einer Mädchenzeitung werden könnte. Letztlich ist auch eine Ton-Dia-Show möglich, wenn die Gruppe genügend Motivation für eine längere Dokumentation hat!
Sowohl Spaß bei der Herstellung als auch Vermittlung von Kenntnissen sowie eine Problematisierung des Themas »Mädchen in gewerblich-technischen Berufen« lassen sich in dieser Aktion miteinander vermitteln. Eine abschließende Diskussion zum Gehörten und Gesehenen bzw. zu den Modellversuchen/Aktionen »Mädchen in Männerberufen« gehört dazu.

Ist das Interesse groß und die Möglichkeit vorhanden, sollte die Teamerin im Anschluß an die o.a. Arbeit versuchen, für und mit den Mädchen Praktika in der Schnupperwerkstatt zu organisieren.

Literaturhinweise

Bundesinstitut für Berufsbildung, Empfehlungen für Mädchen und Frauen in gewerblich-technischen Berufen, in: Frankfurter Rundschau vom 18.3.1987

Maindok, Herlinde, Frauenalltag in Männerberufen, Frankfurt 1987

Rimele, Ursula/Rommel, Charlotte, Mädchen und Berufsausbildung, Heidelberg 1986

Stiegler, Barbara/Brandherm-Böhmker, Ruth, Berufsorientierung junger Frauen und Erfahrungen bei der Ausbildungs- und Arbeitsplatzsuche. Ergebnisse aus einem Modellversuch »Zur Erschließung gewerblich-technischer Ausbildungsberufe für Mädchen«, in: *Kaiser, Manfred u.a.,* Berufliche Verbleibsforschung in der Diskussion, Beiträge zur Arbeitsmarkt- und Berufsforschung, Nürnberg 1985

Volkholz, Volker/Hellmann, Ulrike, Mädchen in Männerberufen, Hamburg 1985

Medienhinweise

Sing, Iris – Sing – Frauen lernen Männerberufe, 16mm-Film, 1977/78 von *Monika Held* und *Gisela Tuchtenhagen,* 90 Min., s/w

Frauen lernen Tischlerin, Videofilm (Bezug: Medienkooperative, Potsdamer Str. 96, 1000 Berlin 30)

XIII. Vielleicht kommt 'ne Arbeitsstelle an mich rangeflogen!

Mädchen informieren sich früher als Jungen im Verwandten- und Bekanntenkreis über Berufsbilder und berufliche Chancen. Sie gehen häufiger zum Arbeitsamt (Berufsberatung), und sie bewerben sich öfter. Das weiß man von Hauptschülerinnen und Lehrlingen, deren Aussagen von Bremer Wissenschaftlern/innen über vier Jahre lang ausgewertet wurden (Krüger 1986, S. 12ff). Trotzdem kann nicht davon ausgegangen werden, daß jedes Mädchen schon genau Bescheid weiß, wo es sich in seiner Stadt/Gemeinde Informationen zur beruflichen Orientierung besorgen kann. Informationsbeschaffung und Informationsverarbeitung gehören zum Standard-Repertoire einer berufsorientierenden sozialen Gruppenarbeit. Darüber hinaus fallen einer Gruppe oft mehr Fragen ein als einer Einzelperson; die Befragten in Ämtern und Institutionen sind oft auskunftsfreudiger gegenüber einer Gruppe als gegenüber Einzelpersonen, und die Mädchen können hinterher gemeinsam eine (kritische) Auswertung vornehmen und so mehrere Meinungen zum Gehörten erfahren.

Ziele

– Entwickeln von Eigeninitiative und Selbständigkeit.
– Überwinden der Schwellenangst.
– Kenntnis lokaler und regionaler Einrichtungen, Institutionen, Projekte und Betriebe.
– Sammeln schriftlich und mündlich eingeholter Informationen.
– Prüfen, Ordnen und Verarbeiten von Informationen.

1. Erkundungstour

Das selbständige Erarbeiten, also das Erfragen, Ergehen, Erkunden, Erfahren, fängt schon bei der Vorbereitung an: Zunächst sollte die Teamerin zusammen mit der Gruppe innerhalb eines überschaubaren Zeitraumes (je nachdem wie häufig sich die Mädchengruppe trifft) eine Liste von Institutionen, Einrichtungen, Behörden, Projekten etc. zusammenstellen, in denen Erkundungen durchgeführt werden könnten.
Folgende Institutionen sollten Mädchen in Hinsicht auf Ausbildungs- oder Arbeitsplatzsuche kennenlernen:
– Arbeitsamt, Berufsberatung
– Arbeitsamt, Arbeitsberater der einzelnen Berufsbereiche
– Berufsinformationszentrum im Arbeitsamt (falls vorhanden)
– Deutscher Gewerkschaftsbund, Kreis- oder Einzelgewerkschaften/DAG
– Volkshochschule, Zweiter Bildungsweg (Kolleg etc.)
– Bibliotheken
– Stadtverwaltung: Frauenbüro
– Einrichtungen der autonomen Frauenbewegung: Buchläden, Cafés, Beratungsstellen
– Überbetriebliche Ausbildungsstätten/projekte
– Probewerkstätten (von Kommune oder Betrieben)
– Gemeinschaftslehrwerkstätten (von verschiedenen Firmen)
– Sonderausbildungseinrichtungen (z.B. Jugenddorf)

- Arbeitslosen-Initiativen, -Zentren
- andere Mädchentreffs
- vollzeitschulische Maßnahmen
- städtische Betriebe
- Alternativbetriebe/selbstverwaltete Betriebe
- Firmen

Diese Liste dient nur zur Hilfestellung und muß natürlich nach den lokalen Gegenbenheiten und nach den Wünschen und Lebenslagen der Mädchen verändert und sorgfältig vor- und nachbereitet werden.

Auch wenn es nur eine Kleinigkeit ist: Nach Möglichkeit sollte jedes Mädchen eine DIN A4-Mappe in die Hand bekommen, in der alle Informationen und eigene Notizen sauber und ordentlich aufbewahrt werden können. Diese Mappe könnte später auch als Bewerbungsmappe, mit Lebenslauf, Bewerbungsanschreiben, Firmenadressen usw., geführt werden.

Zur Vorbereitung gehört als nächstes das Formulieren von Fragen an die ausgesuchten Gesprächspartner/innen (siehe dazu die Vorschläge auf den nachfolgenden Seiten).

Während der Erkundung machen die Mädchen sich Notizen. (Das ist besonders bei Sonderschülerinnen ein realitätsbezogener Anlaß, noch einmal Schreiben zu üben.) Unmittelbar nach der Besichtigung sollten die Mädchen das Gesehene und Gehörte austauschen können. Dabei können sie selbst (oder die Teamerin) die wesentlichen Eindrücke auf einer Wandzeitung festhalten. Werden Fotos gemacht, so kann mit ihrer Hilfe und mit Hilfe der Wandzeitung eine kleine Dokumentation erstellt werden.

In diesem Auswertungsgespräch sollte auch jedes Mädchen für sich selbst klären, welche der gehörten/gesehenen Informationen ihm persönlich wichtig waren, und es sollte diese schriftlich festhalten.

1.1 Ausflug zum Frauenbüro (Vorschlag eines Fragenkataloges)

M 24: Besuche und Erkundungen

Folgende Fragen könnten an die Leiterin des Frauenbüros/der Gleichstellungsstelle gerichtet werden:
- Bei welchen Schwierigkeiten im Beruf/Leben kann das Frauenbüro aufgesucht werden?
- Haben Sie ein besonderes Angebot für Mädchen (z.B. kommunale Mädchenförderung)?
- Welche Aufgaben hat die Gleichstellungsstelle?
- Welche Kompetenzen hat die Gleichstellungsstelle?
- Seit wann gibt es diese Einrichtung, wie viele Mitarbeiter/innen beschäftigt sie, und was wurde bisher veranstaltet/initiiert vom Frauenbüro?
- Was ist ein Frauenförderplan? Inwieweit wurde dieser in der Verwaltung/in Betrieben wirksam?
- Gibt es eine Kontaktstelle/Erfahrungsaustausch mit Betrieben (Förderung von Ausbildungsplätzen)?
- Welche schriftlichen Informationen können mitgenommen werden? Welche stehen zur Einsicht zur Verfügung?
- Inwieweit ist eine Zusammenarbeit zwischen Frauenbüro und Mädchentreff möglich und sinnvoll?

Literaturhinweise

Deutsche Angestellten-Gewerkschaft, Frauenförderung. Eine Handlungshilfe für Betriebsräte, in: Der Betriebsrat. Betriebsrätebrief Nr. 3, 1986
Frauenbüro und Stadtbibliothek der Stadt Karlsruhe, Doppelt so mutig und halb so stark. Ratgeberin für mädchenfreundliche Kinderbücher, Karlsruhe 1987
Haibach, Marita/Immenkötter, Mechthild/Rühmkorf, Eva, Frauen sind nicht zweiter Klasse. Frauenpolitik für Gleichstellung, Hamburg 1986
Leitstelle Gleichstellung der Frau Hamburg, Lernziel: Gleichberechtigung. Hinweise und Anregungen für Schule und Unterricht, Hamburg 1986
Weg, Marianne/Stein, Otti, Macht macht Frauen stark – Frauenpolitik für die 90er Jahre, Hamburg 1988

Medienhinweis

Die Hälfte der Welt für die Frauen und die Hälfte der Familie für die Männer, Videofilm, o.J. (Bezug: SPD-Parteivorstand, ASF-Materialliste, Ollenhauerstr. 1, 5300 Bonn)

1.2 Erkundung im Arbeitsamt: z.B. Berufsberatung – Arbeitsvermittlung – Umschulung (Vorschlag eines Fragenkataloges)

M 24: Besuche und Erkundungen

Wenn das örtliche Arbeitsamt sehr klein ist und keine größeren Räume für Gruppengespräche hat, kann die Mädchengruppe auch Arbeitsamtsvertreter/innen in ihren Treff einladen. Wenn arbeitslose Mädchen dabei sind, die nach der Schulausbildung schon einige Zeit gearbeitet haben, könnte neben der Berufsberatung, die nur für Berufsanfänger/innen zuständig ist, auch ein/e Berater/in für Umschulungsfragen sinnvoll sein.
Folgende Fragen erscheinen sinnvoll:
– Wie ist zur Zeit die Ausbildungssituation auf dem lokalen/regionalen Arbeitsmarkt?
– Welche unterschiedlichen Chancen gibt es für Mädchen und Jungen?
– Welche Berufe und welche Betriebe haben nach der erfolgreichen Ausbildung die höchste Einstellungsrate?
– Welche Kurse und Maßnahmen bzw. Trainingsarbeitsplätze gibt es für arbeitslose Jugendliche, die bis Ende September keinen Ausbildungsplatz gefunden haben?
– Wie lange dauern diese Kurse, welche finanziellen Unterstützungsmöglichkeiten existieren, und welche Qualifikationen werden dort vermittelt (Hauptschulabschluß – 1. Lehrjahr – Berufsfelder usw.)?
– Nach welchen Kriterien werden diese Kurse besetzt (Dauer der Arbeitslosigkeit, Schulabschluß, Geschlecht), und achten sie bei der Besetzung der Plätze besonders auf Mädchen?
– Wieviel arbeitslose Mädchen gibt es in diesem Arbeitsamtsbezirk, und welche Hilfen/Ansprechformen lassen sie denjenigen Mädchen zukommen, die durch ihre aussichtslose Situation und Arbeitslosigkeit im Haushalt ihrer Eltern und Verwandten ›verschwinden‹, d.h. die nicht in der Statistik auftauchen?

- Welche Hilfen kann das Arbeitsamt arbeitslosen Mädchen und Jungen geben, wenn sie auf Probe eingestellt werden und monatelang unbezahlt arbeiten müssen, ehe sie eine Lehre oder Arbeitsstelle antreten können?
- Was halten sie von Aktionen wie »Mädchen in gewerblich-technische Berufe«?
- Haben Mädchen eine genauso große Berufsauswahl wie Jungen?
- Wie verhalten sich Berufsberater und Arbeitsvermittler, wenn Firmen ausdrücklich nur Mädchen oder nur Jungen für eine Stelle suchen?
- Welche Zuständigkeiten gibt es in diesem Arbeitsamt für die unterschiedlichen Berufsbereiche, und welche unterschiedlichen Aufgaben haben Berufsberatung, Arbeitsvermittlung und Arbeitsberatung?
- Gibt es eine Gleichstellungsbeauftragte für Frauenfragen in diesem Arbeitsamt?
- Welche Materialien des Arbeitsamtes gibt es, um sich auf eine Bewerbung vorzubereiten? (Blätter zur Berufskunde – Beruf aktuell – Step – Brancheninformationen etc.)
- Gibt es für Jugendliche die Möglichkeit, durch eine Umschulung zu einem Ausbildungsabschluß zu kommen? Welche Voraussetzungen müssen vorhanden sein, welche finanziellen Unterstützungen werden gewährt, und in welche Berufe wird umgeschult?

Literaturhinweise

Bundesanstalt für Arbeit, Mach's richtig. Texte, Beispiele, Informationen zur Berufswahl, Ausgabe 1987, Nürnberg 1987
Bundesanstalt für Arbeit, Schriftenreihe »Ihre berufliche Zukunft«: Heft 3: Informationen zur beruflichen Umschulung. Dez. 1987; Heft 6: Informationen für Arbeitnehmer ohne Berufsausbildung, Dez. 1987
Faulstich-Wieland, Hannelore, Berufsorientierende Beratung von Mädchen, Frankfurt 1981

1.3 Besuch bei einer Gewerkschaftsfrau

M 24: Besuche und Erkundungen

Bevor die unten stehenden Fragen an die Gewerkschaftlerin formuliert werden, sollte die Gruppe entscheiden, ob sie die DAG (Deutsche Angestellten-Gewerkschaft) oder die örtliche DGB-Vertretung, eine Landes-DGB-Vertretung, den DGB-Bundesvorstand in Düsseldorf oder eine der 17 Einzelgewerkschaften besuchen möchte. Sie sollte auch entscheiden, ob sie evtl. mit speziellen DGB-Sekretariaten ein Gespräch führen will, beispielsweise mit der Abteilung für Frauen oder für Jugendliche. Als Vorinformation oder Anregung für das Gespräch zwischen der Mädchengruppe und der Gewerkschaftsfrau kann der beiliegende Artikel von Kristine D. Jansen aus der Frankfurter Rundschau vom 16.8.1986 genommen werden:

Die Bedürfnisse der Frauen und die »Männervereine«
Zum Thema »Feministische Betriebspolitik«
von Kristine D. Jansen

»Der Maßstab der Politik der Gewerkschaften ist der Durchschnittsmann. Der wird einem ständig um die Ohren geschlagen.« Diese etwas unkonventionell formulierte Erfahrung teilen die 15 Frauen, die sich seit gut zwei Jahren in der Hamburger Gruppe »Feministische Betriebspolitik« treffen. Die Frauen kommen aus ganz verschiedenen Betrieben; sind Psychologin, Ärztin, Krankenschwester, Erzieherin, Stadtplanerin, Technikerin oder Arbeiterin. Die meisten von ihnen sind seit Jahren in Gewerkschaften aktiv und haben bei dem Versuch, als Betriebs- oder Personalrätin Politik für Frauen zu machen, erfahren, daß die Gewerkschaften Männervereine sind, die an Bewegung von unten, noch dazu von Frauen, wenig Interesse haben. Ihre Initiativen landeten auf aussichtslosen Tagesordnungsplätzen. Und wenn sie nicht an Gremien oder Ausschüsse weiterverwiesen werden konnten, wurden sie schlicht abgebügelt. Wenn sie über Arbeitszeitverkürzungen diskutieren wollten und von den Bedürfnissen der Frauen ausgehend die 30- statt der 35-Stunden-Woche forderten, erlebten die Frauen, daß dies dem gewerkschaftlichen Durchschnittsmann zu radikal war, um es überhaupt in Erwägung zu ziehen. Nach den Streiks für die 35-Stunden-Woche, an denen ihre Beteiligung natürlich gern gesehen war, wurde ihnen der 38,5 Stunden-Kompromiß als Erfolg gewerkschaftlicher Stärke verkauft.

»Frauen sind so schlecht zu mobilisieren«, klagen die Gewerkschaften. Kein Wunder, sagen die Frauen aus der Gruppe »Feministische Betriebspolitik« – denn die besondere Situation von Frauen am Arbeitsplatz ist in den Gewerkschaften kein Thema.

Ein Hamburger ÖTV-Sekretär, in dessen Bereich ein großer Teil der 15 Frauen arbeitet, gesteht unumwunden zu, es sei für Frauen schwerer als für Männer, in der Gewerkschaft politisch aktiv zu sein. Frauen, so sagt er, sind doppelt und dreifach belastet. Nach der Arbeit müssen sie nach Hause, zusehen, daß sie einkaufen, Essen kochen, Mann und Kinder versorgen. Da bleibt keine Zeit für Politik. Gruppen wie die »Feministische Betriebspolitik« findet er wichtig, weil Frauen sich dort über den Teil der Benachteiligungen, der geschlechtsspezifisch ist, bewußt werden können. Die Ergebnisse ihrer Überlegungen können sie dann in den Betriebsrat hineintragen und die Männer überzeugen. Die »Durchsetzungsnotwendigkeiten« im Betrieb, so der ÖTV-Funktionär, erfordern es, auch die Männer hinter die Forderungen zu bekommen. Freiwillig würden sie sich natürlich nicht ändern. Das ist den Frauen schon klar, aber die »Durchsetzungsnotwendigkeiten« klingen in ihren Ohren nach »kanalisieren« oder »abbügeln«. Die Wege durch die gewerkschaftlichen Entscheidungsgremien, das ist die Erfahrung der Frauen, sind so weit, daß selbst die überzeugendsten Argumente auf der Strecke bleiben. Trotz des Frusts mit ihrer behäbigen Interessenvertretung im Betrieb sind alle 15 Frauen weiter in den verschiedenen Gewerkschaften aktiv – oder sie sind es durch zwei Jahre »Feministische Betriebspolitik« geworden. Die Gruppe gibt den Frauen Anregung, Argumentationshilfe, Unterstützung und eine solidarische Kontrolle für die Arbeit mit den Kollegen in den Betriebsräten.

Jedes der monatlichen Treffen der Gruppe »Feministische Betriebspolitik« beginnt mit einer aktuellen Runde. Die Frauen erzählen aus ihren Betrieben, berichten über Entscheidungen, die zu treffen sind, und holen sich Rat, wenn sie allein nicht weiterwissen. Es gibt keine Rezepte. Die Frauen gehen pragmatisch vor. Sie haben zwar große Veränderungen und Utopien im Kopf, aber sie setzen einen Fuß vor den anderen. Manchmal kann eine Diskussion mit den männlichen Kollegen – auch wenn es die soundsovielte ist – nützlich sein, manchmal müssen die Herren auch dazu gestoßen werden, Frauenfeindlichkeiten zu unterlassen, wie ein Beispiel aus der Praxis der Gruppe zeigt: Nach einigen Debatten in der Gruppe entschloß sich eine der Frauen, einen Kalender mit entwürdigenden Bildern von Frauen, der schon lange im Betriebszimmer hing, von der Wand zu nehmen und in den Müll zu stecken. Prompt gab es Ärger mit den männlichen Kollegen – aber der war mit der Rückendeckung der Gruppe leicht zu ertragen.

Ein Erfolg für die Gruppe »Feministische Betriebspolitik« ist es, wenn eine der Frauen sich traut, für einen Betriebs- oder Personalrat zu kandidieren, und mit deutlichen Aussagen zu ihrem feministischen Standpunkt auch gewählt wird. Das ist einigen der Frauen schon gelungen, zum Teil mit der Unterstützung von »Frauenbetriebsgruppen«, die sie in ihren Betrieben organisiert haben.

Um den feministischen Standpunkt dreht sich ein großer Teil der Diskussionen bei den abendlichen Treffen. Die Frauen orientieren sich dabei an ihren täglichen Erfahrungen bei der Arbeit. Ihr Erfahrungsaustausch hat ergeben: Frauen arbeiten anders als Männer. Die Gründe für dieses »frauenspezifische Berufsverhalten«, wie sie es nennen, sind vielfältig. Der Arbeitsbegriff, wie ihn auch die Gewerkschaften verwenden, geht vom Mann aus, und deshalb an den Bedürfnissen der Frauen vorbei.

Der Durchschnittsmann arbeitet knapp 40 Stunden, kommt abgearbeitet nach Hause, wo die Frau auf ihn wartet, ihm Essen kocht und sich seinen Arbeitsärger anhört. Und in genau dieser Situation sind Frauen nicht. Wenn ihre Arbeitszeit im Betrieb beendet ist, müssen sie Mann, Kinder und Haushalt versorgen. Ihren Ärger am Arbeitsplatz müssen sie selbst verarbeiten, da hört keiner zu. Die Frauen aus der Gruppe Feministische Betriebspolitik sind sich deshalb einig: Der gesamte Lebenszusammenhang von Frauen gehört in die Diskussion um Arbeitszeit und Lebensqualität. Den Gewerkschaften werfen sie vor, das Problem zwar mit dem Namen »Doppelbelastung« versehen zu haben, es aber als Zusatzproblem zu behandeln, mit dem Frauen individuell fertig werden müssen. Wenn Frauen phantasieren dürfen, sagen sie: Gut bezahlte Arbeit, Zeit für Familie und Zeit für sich selbst seien ihnen gleich wichtig. Deshalb heißt die Utopie der feministischen Betriebspolitikerinnen: Radikale Kürzung der Wochenarbeitszeit, und zwar auf maximal 30 Stunden.

Beim Nachdenken über »frauenspezifisches Berufsverhalten« ist den Hamburgerinnen noch etwas aufgefallen. Frauen wollen offensichtlich – egal welchen Beruf sie ausüben – ihre Arbeit immer besonders gut machen. Sie arbeiten mehr als Männer. Frauen übernehmen oft unaufgefordert Arbeiten, die dem Wohl der Kollegen dienen, wie das sprichwörtliche Kaffeekochen. Frauen fällt es schwer, eine Grenze zu ziehen und nur das zu tun, wofür sie bezahlt werden. Um den Mechanismus, wie sie sich ständig überfordern oder sich überfordern lassen, auf die Spur zu kommen, stellen die Frauen in der Gruppe »Feministische Betriebspolitik« sich die Frage: Was ist eigentlich Arbeit? Welche Aufgaben habe ich zu erfüllen? Welche Aufgaben möchte ich erfüllen? Und welche Aufgaben kann ich erfüllen?

Die Antworten sind nicht leicht zu finden. Man muß darüber sprechen, um eigene und fremde Ansprüche sortieren zu können. Deshalb sollte der Austausch über die Arbeitsbedingungen zur Arbeit dazugehören, sollte ein Teil von bezahlter Arbeit sein. Und wenn ein Achtstundentag keinen Raum läßt für Überlegungen mit den Kolleginnen, dann muß er geschaffen werden. Dann dauert die Kaffeepause eben länger, dann bleibt die Schreibmaschine eben mal abgeschaltet. Natürlich ist es leichter, den Bleistift aus der Hand zu legen, als eine Gruppe Kinder unbeaufsichtigt zu lassen. Aber Möglichkeiten gibt es immer, und wo es sie noch nicht gibt, können sie erkämpft werden, wie einer der größten Erfolge der Gruppe »Feministische Betriebspolitik« zeigt. Frauen aus dieser Gruppe gründeten in ihrem Betrieb – einem Arbeitslosenbildungswerk – eine »Frauenbetriebsgruppe«, die sich regelmäßig nach der Arbeit traf. Das Interesse war groß, aber die Mitarbeiterinnen merkten bald, daß nur wenige Frauen den Termin im Anschluß an einen Arbeitstag auf die Dauer wahrnehmen konnten. Inzwischen haben die Frauen eine in der Bundesrepublik ein-

*malige Betriebsvereinbarung mit ihrem Arbeitgeber erreicht: Sie können sich einmal im Monat ei-
ne Stunde während der Arbeitszeit treffen. Die Geschäftsleitung des Ausbildungswerks stimmte
dieser ungewöhnlichen Regelung zu, weil sie die Ziele der »Frauenbetriebsgruppe« unterstützen
wollte.*

*Vor allem Frauen, die sich sonst nicht trauen, in Frauengruppen zu gehen, sollte durch die Verle-
gung der Treffen in die Arbeitszeit die Scheu vor politischer Aktivität und dem Austausch mit anderen Frauen genommen werden. Von den etwa 60 Frauen kommen inzwischen gut die Hälfte
regelmäßig zur »Frauenbetriebsgruppe«. Bei den letzten Wahlen zum Betriebsrat schafften die
Frauen auf Anhieb vier von sieben Sitzen.*

*Die Arbeit der feministischen Betriebspolitikerinnen trägt Früchte. Im Frühjahr haben sie sich bei
der Hamburger Frauenwoche zum ersten Mal einer größeren Frauenöffentlichkeit vorgestellt.
Noch während der Frauenwoche entstand eine zweite Gruppe »Feministische Betriebspolitik«, die
sich inzwischen nach dem Vorbild der ersten regelmäßig trifft.*

*Die Aktivitäten der Gruppe fordern deshalb so viele Frauen zum Mitdenken und sogar Mitma-
chen auf, weil sie unmittelbar bei ihren täglichen Erfahrungen ansetzen und ganz deutlich auf
größere Handlungsfähigkeit von Frauen orientiert sind. Konkurrenz zu den Gewerkschaften
wollen sie nicht sein. Trotz aller Kritik an dem »verknöcherten Männerverein« wollen sie die
gewerkschaftliche Schiene mitbenutzen, um die Frauen in den Betrieben zu erreichen.*

*Die Mitglieder der ersten Gruppe »Feministische Betriebspolitik« können auf zwei Jahre Erfahrung
zurückblicken. Für alle Frauen hat sich viel verändert. Sie sind selbstbewußter geworden. Sie trau-
en sich eher, den Mund aufzumachen, weil sie über manche Fragen in der Gruppe diskutiert haben. Einige erlebten zum ersten Mal, daß sie auch mit Frauen zusammenarbeiten können. Schwieriger ist es hingegen geworden, mit den männlichen Kollegen klarzukommen, weiter der »Kum-
pel« zu sein.*

*Die Gruppe hat die Frauen sensibler gemacht für das »Wortgetöse und die Leerformeln« der Ge-
werkschaftskollegen. Sie haben den Anspruch, Arbeit, Politik und Privates nicht zu trennen. Entsprechend utopisch sind auch ihre Entwürfe für die Zukunft. Sie wollen nicht ihr Leben lang die
gleiche Arbeit machen; sie wollen wechseln oder unterbrechen können, um zu lernen, zu reisen
oder einfach, um mal zu Hause zu bleiben. Natürlich klingt das angesichts hoher Arbeitslosigkeit
ziemlich unrealistisch. Aber, sagen die Frauen, es ist wichtig, Utopien zu entwerfen und quer zu
den Verhältnissen zu denken, denn auch die Frauenbetriebsgruppe in der Arbeitszeit haben sie
nur erreicht, weil sie sich getraut haben, das zu fordern, was es noch nie gegeben hat.*

*Kontaktadresse für FBP: Autonomes Bildungszentrum e.V., c/o Sigi Pach, Bauenreihe 1, 2168
Drochtersen (Hüll)*

Denkbar sind folgende Fragen an die Gewerkschaftsfrau:
– Was heißt eigentlich gewerkschaftliche Hilfe? Welche Möglichkeiten und Aufgaben haben
  Betriebsräte und -rätinnen, Jugendvertreter und -vertreterinnen, Rechtssekretäre und -se-
  kretärinnen?
– Gibt es weibliche Betriebsräte oder/und Gewerkschaftsvertreterinnen vor Ort?
– Wie teuer ist die Mitgliedschaft in einer Gewerkschaft, und was ist, wenn bei Arbeitslo-
  sigkeit der Betrag nicht bezahlt werden kann?
– Bei welchen politischen Aktionen, Arbeitskreisen etc. arbeitet die Gewerkschaft mit (oder
  initiiert sie), um die Situation arbeitsloser Mädchen hier am Ort zu ändern?
– Was halten Sie von der Quotierung (50 %) von Ausbildungsplätzen?

- Welche arbeitsmarktpolitischen Möglichkeiten sehen Sie, daß Mädchen, die eine Lehre, eine Fach(hoch)schule oder ein Studium hinter sich haben, den Übergang und Einstieg ins Berufsleben finden?
- Warum sind bisher immer noch ca. 30 Berufe für Mädchen und Frauen verboten – welche genau sind es, und wie ist die Einstellung der Gewerkschaft dazu?
- Gibt es in der gewerkschaftlichen Bildungsarbeit spezielle Förderung bzw. Kurse für Mädchen?
- Gibt es in den hiesigen Betrieben »Gleichstellungsstellen für Frauen«, und wie arbeiten sie mit Ihnen zusammen?

Literaturhinweis

Losseff-Tillmanns, Gisela, Frau und Gewerkschaft, Frankfurt 1982

Medienhinweise

Frauen, Schlußlichter der Gewerkschaft. 16mm-Film von *Ingrid Oppermann u.a.*, 1975, 59 Min. (Verleih: Zentral-Filmverleih, Friedensallee 7, 2000 Hamburg)
Mann und Frau am Arbeitsplatz. 16mm-Film von *Josef Riedel,* 1978, 34 Min. (Verleih: Landeszentrale für politische Bildung NRW, Postfach 1103, 4000 Düsseldorf 1)

1.4 Informationsbeschaffung in der Volkshochschule

M 24: Besuche und Erkundungen

Die Mädchengruppe sollte sich vorab entscheiden, ob sie ein Gespräch mit dem/der Fachbereichsleiter/in für »Berufliche Bildung«, für »Schulabschlüsse«, für »Frauenbildung«, für »Jugendbildung« o.a. führen will.
Folgende Fragen könnten aufgeworfen werden:
- In welche Fachbereiche gliedert sich die VHS, und welche Kursangebote macht sie?
- Gibt es spezielle Kursangebote für Mädchen/Frauen?
- Können Jugendliche an dem Erwachsenenbildungsangebot teilnehmen?
- Was kosten die Kurse? Gibt es Ermäßigungen für Arbeitslose?
- Was ist Bildungsurlaub?
- Was ist der zweite Bildungsweg (Abendschule – Tageslehrgänge – Kollegschule u.a.)?
- Unter welchen Voraussetzungen kann man einen Schulabschluß nachholen und BAföG beziehen?
- Wie schwierig ist der Stoff, und wie viele schaffen den Abschluß?
- Wie teuer und wie zeitaufwendig ist der Besuch von schulischer Weiterbildung?
- Gibt es die Möglichkeit, eine Berufsausbildung an der VHS zu absolvieren? (Welche Voraussetzungen müssen erfüllt sein, und wer trägt die Kosten?)

2. Film- und Literaturhinweise für eine Betriebsbesichtigung, den Besuch eines alternativ-ökonomischen Projekts oder einer außerbetrieblichen Ausbildungseinrichtung

Literaturhinweise

Krüger, Helga, Berufliche Motivation von Mädchen, in: *Wannseeheim für Jugendarbeit e.V. (Hg.),* Weiblichkeit als Chance, Berlin 1986
Stascheit, Wilfried, Materialien Berufswahlunterricht, Mülheim o.J. (Bezug: Verlag Die Schulpraxis, Postfach 192251, 4330 Mülheim)

Medienhinweise

Vielleicht kommt 'ne Arbeitsstelle an mich rangeflogen, Videofilm
Ausbildungswerk Kreuzberg, Videofilm
(Bezug [beide]: Medienkooperative, Potsdamer Str. 96, 1000 Berlin 30)
Grundausbildungslehrgang »Arbeiten und Lernen«, Videofilm, Farbe, 6 Min. (Bezug: Deutsches Filmzentrum, Postfach 2504, Bonn)
Frauen-Fragen: Weiberwirtschaft, Videofilm, Farbe, 31 Min., von *Andrea Reischiess,* 1985
Frauen-Fragen: Unsere Firma, Videofilm, Farbe, 30 Min., von *Andrea Reischiess,* 1985
(Bezug [beide]: Institut für Film und Bild in Wissenschaft und Unterricht, Bavaria Film Platz 3, 8022 Grünwald)

Anstelle von Erkundungen und Besichtigungen kann Information auch spielerisch eingeholt werden, z.B. auf einer Freizeit- oder Projektwoche oder bei Stadtteiltagen. Beschreibungen hierzu:
Billen, Birgit/Schlapeit-Beck, Dagmar/Wimmer, Gabi, Die Leverkusener Mädchentour, in: *Schlapeit-Beck, Dagmar (Hg.),* Mädchenträume – Initiativen – Projekte – Lebensperspektiven, Hamburg 1987
Frauenbüro Bielefeld u.a., Stadtteiltage – Lebensplanung und Berufsorientierung von Mädchen – Ein Erfahrungsbericht, Bielefeld 1988 (Bezug: Frauenbüro Bielefeld, Altes Rathaus, Niederwall 25, 4800 Bielefeld)

XIV. Information von Mädchen für Mädchen: Diskussion mit weiblichen Auszubildenden

Nur rund ein Drittel eines jeden Jahrgangs von Hauptschülerinnen bekommt zur Zeit eine Lehrstelle. Die meisten Mädchen gehen in vollzeitschulische Maßnahmen oder bleiben arbeitslos.

In einer Diskussion mit einem oder mehreren weiblichen Lehrlingen könnten diese über ihre Bewerbungserfahrungen berichten, ihre Ausbildung genauer beschreiben, über ihre ursprünglichen Erwartungen an ihren Beruf und ihre jetzige erlebte Realität berichten. Die subjektiven Aussagen der Mädchen, die in einer Ausbildung stehen oder sie gerade abgeschlossen haben, könnten die bisher gewonnenen Informationen in Institutionen und Betrieben abrunden und ergänzen.

Ziele

- Vermittlung von Informationen zum Ausbildungsverlauf, zum konkreten Beruf, zur Rolle der gewerkschaftlichen Jugendvertretung.
- Kenntnis möglicher Konflikte und Auseinandersetzungen mit Kollegen/innen oder Vorgesetzten.
- Erfragen von konkreten Informationen zu den Berufen, in denen die Lehrlingsmädchen gerade ausgebildet werden.
- Erfahrungsaustausch und Diskussion über verschiedene Bewerbungsverfahren, über schon geführte Vorstellungsgespräche, Einstellungstests usw.

1. Was heißt das: Lernen in einem Frauenberuf – in einem Männerberuf – in einem Mischberuf?

M 19: Interview

Die Mädchengruppe und die Teamerin laden eine oder mehrere weibliche Auszubildende (Azubis) ein, die sie aus der Nachbarschaft, von der Schule oder durch eine vorher durchgeführte Betriebserkundung kennen.

Dabei könnte z.B. ein Lehrling aus einem sogenannten Frauenberuf (z.B. Arzthelferin), einer aus dem gewerblich-technischen Bereich (z.B. Tischlerin), ein dritter aus einem sogenannten Mischberuf (z.B. Optikerin) kommen. Die Diskussion könnte dann die Themen: Ausbildungsablauf, Entlohnung, Einsatz im Betrieb, Verantwortlichkeit, Zusammenarbeit mit Kollegen/innen, Arbeitsplatzchancen und Aufstiegschancen vergleichend behandeln. Darüber hinaus könnten die Schwierigkeiten, die auftreten können, die Art des Lernens in der Schule und am Arbeitsplatz und die notwendigen Vorerfahrungen ausgetauscht und diskutiert werden.

2. Diskussion: Lernen im Betrieb, in der Schule oder in einer außerbetrieblichen Einrichtung?

M 13: Diskussionsspiele

Die Mädchengruppe lädt eine Auszubildende aus einem Betrieb der sogenannten freien Wirtschaft, eine Auszubildende aus einer überbetrieblichen Einrichtung (der Jugendberufshilfe) und eine Schülerin aus einer vollzeitschulischen berufsbildenden Maßnahme ein. Wenn auch noch alle drei Mädchen ihre Ausbildung im gleichen Berufsfeld (z.B. Hauswirtschaft oder Textilbearbeitung) absolvieren würden, könnten die Mädchen einen Fragenkatalog entwickeln, der einen Vergleich der Ausbildungsbedingungen und der Ausbildungsqualitäten möglich macht und so sehr viel mehr Informationen vermittelt als eine weitere Besichtigung.

Wie bei den Erkundungsfahrten sollte diese Diskussion auch dazu genutzt werden, Selbsttätigkeit einzuüben. Daher sollten Begrüßung, Selbstdarstellung der Mädchengruppe und die Diskussionsleitung von den Mädchen selbst übernommen werden.

Zum Abschluß der Diskussion könnten Mädchengruppe und Auszubildende gemeinsam Forderungen für ein besseres und vielfältigeres Ausbildungs- und Arbeitsplatzangebot formulieren sowie Kriterien für eine gute Ausbildung entwickeln. Anhaltspunkte wären:
– Alter und Wert der Ausbildungseinrichtung, der Technik, Arbeitsgeräte usw.,
– Verhältnis der Anzahl von Auszubildenden zu Ausbildern/innen,
– fachliche Qualifikation der Ausbilder/innen,
– Durchfallquote bei den Abschlußprüfungen,
– Anteil der ausbildungsspezifischen Zeit bei produktionsgebundener Ausbildung,
– Handlungsfreiheit der Auszubildenden, Anteil der überlassenen Verantwortlichkeit,
– Vermittlung betrieblicher Gesamtzusammenhänge,
– Vermittlung wirtschaftlicher Zusammenhänge des Ausbildungsbetriebs,
– Vermittlung der Rechte, nicht nur der Pflichten von Arbeitnehmerinnen,
– Umgang mit weiblichen Beschäftigten,
– zahlenmäßiger Anteil von Frauen in gehobenen Positionen,
– Verdienstmöglichkeiten.

Literaturhinweise

Gleichstellungsstelle der Stadt Köln, Frauen stehen ihre Frau. Auch im Beruf. Berufskundeblätter von Mädchen für Mädchen in gewerblich-technischen Berufen, Köln o.J. (Bezug: Gleichstellungsstelle der Stadt Köln, Markmannsgasse 7, 5000 Köln 1)

Gleichstellungsstelle und Jugendamt der Stadt Essen, Jedem Mädchen eine Chance – Frauen in alle Berufe. Berufskundliche Informationen für Mädchen von Mädchen in verschiedenen Berufen im gewerblichen, technischen und kaufmännischen Bereich, Essen 1987 (Bezug: Gleichstellungsstelle der Stadt Essen, Rathaus, 4300 Essen)

Paritätisches Jugendwerk (Hg.), Offensive Mädchenarbeit in der Jugendberufshilfe, Münster 1989 (Diese Zusammenfassung der Ergebnisse des Modellprojektes »Qualifizierung zu Mädchenarbeit in der Jugendberufshilfe des DPWV – LV NRW« enthält auch 10 Interviews mit Mädchen aus außerbetrieblicher Ausbildung für Berufsvorbereitungsmaßnahmen, die als Information oder zur Vorbereitung der o.g. Übung eingesetzt werden könnten.)

XV. Bewerbungsschreiben – Lebenslauf – Einstellungstests – Vorstellungsgespräche

Mädchen werden zu Bescheidenheit und Passivität erzogen. Sie sollten lernen, fremde – männliche – Ansprüche an sie als eigene Wünsche und Bedürfnisse zu erfahren. Widersprüchliche Rollenanforderungen vergrößern die anerzogene Unsicherheit: Auf der einen Seite sollen sie als zukünftige Mutter lieb, fürsorglich, ordentlich, geschickt und sich-selbst-zurücknehmend sein, auf der anderen Seite sollen sie als Berufstätige tüchtig, durchsetzungsfähig (natürlich nicht zu sehr), selbstbewußt und hübsch sein. Wen wundert es da, daß sie bei einem existentiell wichtigen Bewerbungsgespräch kaum den Mund auftun können oder daß sie die Fragen nur ›lieb‹ beantworten, nicht aber ihrerseits Fragen stellen und sich selbst darstellen!

An dieser Stelle werden keine Hinweise gegeben, wie frau sich richtig bewerben muß. Das ist anderswo schon häufig und viel ausführlicher geschehen, als es hier behandelt werden kann (siehe Literaturhinweise).

Mädchen, die oft als einzelne Arbeitslose eine Einrichtung aufsuchen, haben häufig eher das Bedürfnis nach umfassender und individueller Beratung, die – anders als beim Arbeitsamt – hier direkt durchgeführt werden kann, die die spezielle Situation der Mädchen berücksichtigt, ihre Wünsche akzeptiert und Fragen gemeinsam mit den Mädchen bearbeitet.

Erfahrungen in der sozialen Beratung von erwerbslosen Mädchen/Frauen haben ergeben, daß folgende Ziele im geschlechtsspezifischen Bewerbungsprozeß für Mädchen sinnvoller sind als das bloße ›Trainieren‹, saubere Briefe und korrekte Lebensläufe zu verfassen.

Ziele

- Kenntnis der eigenen Qualifikationen (schulische, berufliche, auch durch ehrenamtliche und unbezahlte Arbeit erworbene Kenntnisse) und vielfältigen Fähigkeiten.
- Stärkung des Selbstbewußtseins und Selbstwertgefühls.
- Förderung eines selbstbewußten, mündlichen und schriftlichen Darstellungsvermögens im Bewerbungsprozeß.
- Bewußtmachung der eigenen Körpersprache.
- Benennen von Ausbildungs-/Fortbildungs- und Gehaltsvorstellungen und anderen persönlichen Wünschen gegenüber Arbeitgebern/innen.
- Erkennen geschlechtsspezifischer Unterschiede in einer Bewerbungssituation und in der Betriebshierarchie.
- Befähigen, mit Ratgeberbüchern/schriftlichem Informationsmaterial umzugehen.

1. Herrlein Kruse, darf ich Sie bitten? (Rollenspiel: Vorstellungsgespräch)

M 16: Rollenspiel

Die Mädchengruppe tauscht ihre ersten Erfahrungen oder Vorstellungen über Bewerbungsgespräche aus, die sie mit einem/r Arbeitgeber/in geführt haben. Sie einigen sich auf die Darstellung eines der Gespräche und besprechen den genauen Ablauf, die Situation, die Szenen und die Rollen des Rollenspiels. Zur besseren Bewußtmachung des geschlechtsspezifischen Gesprächsablaufs könnte dabei ein Rollentausch vorgenommen werden, so daß der Arbeitgeber als Frau, als eine Chefin und der/die Bewerber/in als ein Mann für eine weibliche Tätigkeit dargestellt werden.

Ein Beispiel dazu gibt es in dem Aktionshandbuch »Ran an die Zukunft« (Jusos 1986, o.S.), das sich eventuell auch zum Nachspielen eignen würde. Dazu sollte das eher theatermäßige Stück »Vorstellungsgespräch« zur Übung vorher mit verteilten Rollen gelesen werden.

Mit folgenden Fragen könnte das Rollenspiel ausgewertet werden:
- Wie realistisch war die Darstellung?
- Was läuft normalerweise anders, was war verkehrt?
- Kann es einen Rollentausch, wie vorgespielt, wirklich geben?
- Wie läuft ein echtes Vorstellungsgespräch ab? Wer hat schon Erfahrungen gesammelt?
- Wie haben die einzelnen ihre Rollen gespielt? Wirkten sie überzeugend?
- Welche typisch weiblichen Verhaltensweisen, Körperhaltungen, Gesten etc. haben sich bei Herrlein Kruse ›eingeschlichen‹?
- Wie weiblich oder männlich war die Chefin?
- Was wäre, wenn Ihr als Mädchen eine weibliche Vorgesetzte hättet? Welche Vorurteile spielen bei einer Ablehnung eine Rolle?

2. Was soll ich denn damit anfangen? (Zum Umgang mit Ratgeberbüchern etc.)

Je nach individueller aktueller Problemlage kann die Teamerin einzelne Mädchen oder eine Mädchengruppe über nachstehende Ratgeberbücher (siehe Literaturhinweise) informieren und das Umgehen/Benutzen der Bücher (durch Anschauung) einüben.

Darüber hinaus gibt es von einigen Firmen, Banken und Versicherungen unterschiedlich gut bearbeitete Broschüren für Berufsanfänger/innen mit Hinweisen über das Bewerbungsverfahren, Lebenslaufschreiben, über Praktikumsplätze und die jeweilige betriebliche Ausbildung der Firma, die die Broschüre herausgegeben hat.

Literaturhinweise

Arbeitslosenprojekt TuWas, Leitfaden für Arbeitslose. Materialien zur Sozialarbeit und Sozialpolitik, Bd. 3, Frankfurt ⁶1987 (Der Leitfaden wird analog zur AFG-Änderung aktuell gehalten!) (Bezug: Fachhochschule Frankfurt. Fachbereich Sozialarbeit und Fachbereich Sozialpädagogik, Postfach, 6000 Frankfurt)
Bund-Verlag (Hg.), Erstbewerbungen für Auszubildende – Mappen und Vordrucke, Köln 1987

Bund-Verlag (Hg.), Bewerbungsmappe mit Vordruck für tabellarischen Lebenslauf, Köln 1987

Bundesministerium für Bildung und Wissenschaft, Ausbildung und Beruf (Rechte und Pflichten während der Berufsbildung), Bonn 1987 (Bezug: BMBW, Postfach 200108, 5300 Bonn 2)

Deutscher Gewerkschaftsbund-Bundesvorstand, Abt. Jugend (Hg.), Kurz, Knapp, Klar. Informationen für Berufsanfänger, Düsseldorf 1986 (Bezug: DGB-Bundesvorstand, Abt. Jugend, Postfach 2601, 4000 Düsseldorf) (Stichwortverzeichnis, insbesondere über Rechte durch Jugendarbeitsschutzgesetz, Berufsbildungsgesetz, Mitbestimmungsregelungen)

Dachrodt, Heinz-G., Zeugnisse lesen und verstehen, Köln o.J.

Faulstich-Wieland, Hannelore, Berufsorientierende Beratung von Mädchen, Frankfurt 1981

Friedrich, Hans, Die ersten Tage am neuen Arbeitsplatz. Ratschläge für den richtigen Umgang mit Kollegen und Vorgesetzten, Niederhausen/Ts. 1987

Hesse, Jürgen/Schrader, Hans Christian, Testtraining für Ausbildungsplatzsucher, Frankfurt 1985 (Neben Einstellungstests, die sehr umfassend mit ›Lösungen‹ dargestellt werden, werden auch Bewerbungsschreiben, Lebenslauf, Bewerbungsfoto, Vorstellungsgespräch u.a. behandelt!)

Jusos in der SPD (Hg.), Ran an die Zukunft. Aktionshandbuch, Bonn 1986

Kowalewsky, Wolfram, Über den Umgang mit Vorgesetzten. Macht und Mut am Arbeitsplatz, Köln 1986

Martin, Gitta/Schardt, Lothar P., Frauen im Test. Benachteiligung von Frauen durch psychologische Testverfahren, in: *Janssen-Jurreit, M. (Hg.)*, Frauenprogramm, Frankfurt 1979, S. 112ff

Münsterberg, R., Bewerbung leicht gemacht. Leitfaden für eine erfolgreiche Stellensuche, Bergisch-Gladbach 1983

Neubarth, Rolf, Erfolgreiche Bewerbung, Köln o.J.

Teil C: Methoden

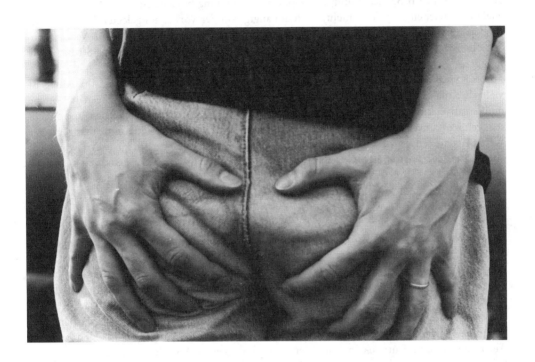

I. Einleitung

Methoden dienen der Erlangung von Erkenntnissen und/oder praktischen Ergebnissen. Sie fordern oft ein planmäßiges Vorgehen. Angewandte Methoden in der außerschulischen Jugendarbeit sind z.B. Spiele, Übungen, Gespräche, Erkundungsbesuche etc.

Ziele zu erreichen ist jedoch nicht allein abhängig von der vorher festgelegten Struktur. Methoden müssen neue Erfahrungen und Verhaltensweisen ermöglichen, d.h. für Veränderungen offen sein und zugleich Sicherheit geben: soviel Struktur wie nötig, sowenig Struktur wie möglich.

Für die geschlechtsspezifische Arbeit mit Mädchen ist dies besonders wichtig. Ihr Alltag ist vielfach ritualisiert und reglementiert und stellt ihnen weniger Raum als Jungen für offene und kreative Entfaltungsmöglichkeiten zur Verfügung. Zum lebendigen Lernen und Wachsen gehören unverzichtbar Spaß und Lust; ihnen muß in diesem Zusammenhang großer Wert beigemessen werden. Spaß, Offenheit und Lust sind ein SOL(L) für jede Art von Mädchenarbeit, der notwendige Gegenpol zu Ernst und Ritualisierung. Erzieherische Zwangsmaßnahmen z.B. für sexuell auffällige Mädchen oder ›arbeitsunwillige‹ Frauen verfehlen häufig ihr angestrebtes Ziel. Zwang und lustbetontes Lernen sind zwei sich gegenseitig ausschließende Momente.

Methoden sind Werkzeuge. Sie können effektiv/ineffektiv sein und sogar schädliche Wirkungen haben. Ein verantwortlicher Methodeneinsatz setzt entsprechende Erfahrungen als Teilnehmerin einer Gruppe voraus – insbesondere bei den Interaktionsübungen –, damit die Methodenanleiterin die eigene Rolle als Leiterin ständig neu reflektiert und Voraussetzungen und Bedingungen für gutes Gelingen kennt. Fort- und Ausbildungsseminare, z.B. im Rollenspiel, in der Themenzentrierten Interaktion (TZI), in der Gestaltpädagogik etc., bieten die Chance, gruppenspezifische Methoden selbst kennen- und anwenden zu lernen. Neben diesen professionellen Möglichkeiten (siehe Adressen im Anhang) empfehlen wir das Ausprobieren und Entwickeln von Methoden im eigenen Mitarbeiter/innenkreis, in Arbeitskreisen, auf örtlichen oder überregionalen Pädagoginnentreffen (siehe Kieler Modell – Kontaktadresse im Anhang), aber auch im Bekannten- und Freundinnenkreis. Die kritische Auseinandersetzung mit der eigenen Identität als Frau, als Pädagogin, als Gruppenleiterin etc. ist für ein verantwortungsvolles Bewußtsein und Handeln mit Mädchen unumgänglich; eine regelmäßig stattfindende kollegiale Supervision bietet dafür den notwendigen Rahmen.

Die im folgenden beschriebenen Methoden ermöglichen die Durchführung der beiden Praxisteile. Ihr Vorteil ist, daß die Methoden alle in der Praxis erprobt wurden und sich bewährt haben. Sie können aber auch für andere Themen genutzt werden. Da das gute Gelingen vom richtigen Umgang mit diesen Methoden abhängt, folgen vorweg einige Erklärungen zur Systematisierung der einzelnen Methoden.

1. Wie soll die Teamerin mit den Methoden umgehen? Oberbegriff M

Das Stichwort benennt die Art oder den Namen der Methode. Nach der Stichwortnennung, z.B. »M 16: Rollenspiel« oder »M 10: Brainstorming«, werden Ziele, Regeln und Durchführungs-Vorschriften, die i.d.R. unabhängig vom Thema sind, aufgeführt. Nach den in den Praxisteilen erwähnten Methoden werden zusätzliche aufgeführt, die in der Gruppenarbeit mit Mädchen ebenfalls Anwendung finden können. Für den Wachstumsprozeß von Gruppen werden beispielhaft die Übungen und Spiele genannt, die unter den Oberbegriffen »M 2: Namensspiele«, »M 3: Kennenlernspiele« und »M 5: Körper- und Entspannungsübungen« aufgeführt sind.

Die Ordnung nach Oberbegriffen erleichtert das Suchen, Auffinden und die Auswahl. Sie birgt in sich aber auch die Gefahr einer künstlichen Trennung. Dennoch ist die Aufteilung m.E. sinnvoll. Das Festlegen von Oberbegriffen hat Anregungscharakter, soll aber auch herausfordern, eigene Begriffe zu finden.

2. Ziele

Jede Methode verfolgt i.d.R. methodenbedingte und inhaltsorientierte Ziele. Einige der methodenbedingten Ziele werden an dieser Stelle benannt. Eine Orientierung an diesen Zielformulierungen ist insbesondere da sinnvoll, wo z.B. aufgrund von methodenimmanenten Aspekten ein gewollter Wechsel von kognitiven Erfahrungs- zu eher emotionalen Erlebnisinhalten möglich wird (z.B. »verbaler Austausch« versus »eigenen Körper und dessen Empfindungen kennenlernen«).

Die Aufgabe jeder Methode ist es, die inhaltlichen Ziele zu verwirklichen. Methoden- und inhaltsorientierte Ziele müssen sich deshalb ergänzen und wechselseitig stützen.

3. Gruppengröße/Dauer

Diese Angaben sind erfahrungsbedingte Annäherungswerte. Die Teamerin muß den Zeitaufwand, der mit der gewählten Methode verbunden ist, kennen. In der Regel wird die benötigte Zeit (incl. Reflexionsphase) unterschätzt, daher gilt: lieber mehr Zeit einplanen! Die Mädchen sollten zur Orientierung ebenfalls eine Zeitvorgabe erhalten, um ihrerseits entsprechend planen zu können. Vorhersehbare Unterbrechungen aufgrund von Verspätungen oder vorzeitigem Verlassen der Gruppe sollten rechtzeitig besprochen werden (»Wer muß eher gehen?« – »Wer kann nicht pünktlich kommen?«), da sie den Ablauf von einigen Übungen (z.B. Körpermeditationen) erheblich stören können. Die Teilnahme an einer Übung/Methode muß jedem Mädchen grundsätzlich freigestellt werden.

4. Material

Wir haben versucht, solche Methoden auszuwählen, die mit dem üblichen Materialrepertoire (Stifte, Papier, Scheren) durchzuführen sind, da wir die allgemeinen Zwänge der Jugendzentren etc. kennen. Manchmal sind Methoden auch ohne das angegebene Material oder mit etwas Phantasie für Ersatz zu realisieren. Erfahrungen belegen, daß einige Methoden mit mangelnder Vollständigkeit und Vielfalt des Materials stehen oder fallen (z.B. Farbangebot bei Malaktionen, Zeitschriftenauswahl bei Collagen, Kleidungsangebot bei Verkleidungsaktionen etc.). Wichtig ist, vorher das Material zu überprüfen, um ggfs. die Mädchen aufzufordern, Material mitzubringen.

5. Vorbereitung

Hier geben wir nur die Hinweise, die bezüglich der Methode unbedingt zu beachten sind (z.B. Musik aussuchen, Fotokopien herstellen, Fragekärtchen anfertigen).

Nicht aufgeführt wird die persönliche Vorbereitung der Teamerin (wie z.B. Sachinformation einholen, Einzelgespräche mit Kolleginnen, Teilnehmerinnen/Eltern/Hausmeister führen etc.), da sie individuell stark variiert.

Weniger erfahrene Teamerinnen sollten sich nicht scheuen, Merkzettel o.ä. anzufertigen.

6. Durchführung

Die Übungsanleitungen haben wir teilweise sehr ausführlich und in direkter Rede (z.B. die Körperhaltung M 5: »Rücken an Rücken«) oder aber in gekürzter Form (z.B. die Körperübung M 5: »Reise durch den Körper«) aufgeschrieben. Wir verzichten auf eine ausführliche Darstellung aller Methoden (z.B. die Technik des Planspiels) sowohl aus Platzgründen, aber auch deshalb, weil es anderweitig leicht zugängliche und differenzierte Darstellungen gibt. In diesen Fällen sollte bei Fragen oder Unsicherheiten auf die angegebene Literatur zurückgegriffen werden.

Längere Interaktionsübungen sollten mit einer Auflockerungs- und Bewegungsphase begonnen werden. Neben den vorgestellten Übungen bieten sich auch Kinder- und Gesellschaftsspiele in bekannter oder abgeänderter Form (Betonung von Solidarität und Lust statt Konkurrenz und Wettkampfsituation) an. Bei älteren Mädchen empfiehlt es sich, hier von »Übungen«, »Experimenten« oder »Methoden zum Anwärmen (sogenannte Warming-up)« zu sprechen, da sie »schließlich keine Spielkinder mehr sind«. Gleichzeitig können sie so lernen, daß Spielen zum menschlichen Leben gehört und unverzichtbar ist. Zwar können sich Inhalte und Vorgehensweisen ändern, aber das Prinzip, Mädchen ganzheitliches Lernen zu ermöglichen, muß beibehalten werden.

Auch zwischen zwei Übungen oder während einer längeren Übungssequenz können Bewegungsspiele Geist und Körper erfrischen.

Jede Methode sollte im Überblick von der Teamerin vorgestellt werden und dabei auf die Freiwilligkeit der Teilnahme hingewiesen werden. Eine ausführliche Reflexionsphase sollte angekündigt und am Schluß der Übung/Übungsfolge durchgeführt werden (ggfs. Zwischenrückmeldungen).

Für einige Übungen sind Auswertungsfragen vorformuliert. Vertrauensbildend wirkt es, von kleinen Gruppen (Vertrauenssystem) zu immer größeren fortzuschreiten: Einzelarbeit zur Selbstvergewisserung, Paararbeit als Kontaktaufnahme mit einem anderen Mädchen, Kleingruppen, Halbgruppen, Plenum.

Neben den strukturellen Aspekten gibt es noch weitere Anforderungen an das Interventionsverhalten der Teamerin:

– Außenseiterinnen sind einzubeziehen, Beobachtungen zu vermeiden (dies gilt insbesondere für heikle Themen).
– Übungen dürfen nicht um der Übung willen mit allen (Überredungs-)Mitteln durchgezogen werden. Erforderlich ist die Sensibilität dafür, ggfs. eine Übung an entsprechender Stelle auch abzubrechen. Zwang erhöht latente Widerstände und mißachtet die Selbstverantwortung der Teilnehmerinnen.

- Die Übungsanleitungen sind einfach und deutlich vorzutragen, d.h. in einer den Mädchen angemessenen Sprache. Die vorliegenden Übungsanweisungen sind hinsichtlich des Sprachstils zu überprüfen und evtl. abzuändern. Beispiel: die Körperübung M 5: »Reise durch den Körper« kann an der Stelle platzen (Gekicher/Empörung etc.), wo die Teamerin die weiblichen Geschlechtsteile nennt und einen den Mädchen fremden oder schambesetzten Begriff wählt.

7. Variation

Methodische Variationen können die Lern- und Erlebnisprozesse der Mädchen wesentlich beeinflussen.
Die Methode M 10: »Brainstorming« spricht eher die kognitive und bildhafte Ebene an. Wird die Übung jedoch mit dem gleichzeitigen Formen von Knetmasse erweitert, so wird zusätzlich die eher unbewußte und affektive Ebene erfaßt.
Flexibilität und Veränderungskompetenz beugen dem routinemäßigen Handeln vor; dementsprechend sollte die Teamerin eigene Ideen ergänzend einbringen und evtl. an dieser Stelle schriftlich vermerken.

8. Weitere Themen

Hier werden Themen benannt, bei denen mit der jeweiligen Methode in der Praxis positive Erfahrungen gesammelt wurden. Sie dienen in zweifacher Weise der Anregung. Einerseits benennen sie weitere zentrale und bewährte Themen der Mädchenarbeit. Andererseits fordern sie die Phantasie der Teamerin heraus, mit den Methoden kreativ und adressatenbezogen umzugehen.

9. Benutzte und weiterführende Literatur

Für interessierte und/oder weniger erfahrene Gruppenleiterinnen sind die Literaturhinweise gedacht. Wir haben leicht verständliche Literatur gewählt; in Einzelfällen sind Bezugsquellen angegeben.

10. Was beeinflußt das Gelingen von Methoden?

»Die Mädchen in meiner Mädchengruppe mögen Entspannungsübungen.« »Dazu fehlen uns die geeigneten Räume.« »Entspannungsübungen mache ich kaum, da fühle ich mich noch zu unsicher.« Das sind typische Sätze von Gruppenleiterinnen.
Methoden sind nicht alles. Ob sie gelingen oder ankommen, hängt wesentlich ab von
- den Mädchen bzw. der Mädchengruppe,
- den Vorerfahrungen der Mädchen und der Teamerin mit solchen Methoden,
- den Rahmenbedingungen,
- der Teamerin.

Folgende Leitfragen dienen der Unterstützung bei der Strukturierung, Methodenauswahl und Vorgehensweise:

- Welche Mädchen spreche ich an (Alter, Herkunft, Nationalität, Bildung/Ausbildung, Vorerfahrung etc.)?
- Welche Beziehungen haben die Mädchen untereinander (Freundinnen, Feindinnen, Fremde, Vertraute, Bekannte, Außenseiterinnen)?
- Was sind ihre Interessen (Erwartungen/Befürchtungen, Themenwünsche, Vorlieben etc.)?
- Welche Rahmenbedingungen begleiten die Gruppenarbeit (Raumangebot, Außenstörungen, Zeitstruktur, Materialangebot, Parallelveranstaltungen für Jungen, Möglichkeiten wegzufahren etc.)?
- Wie motiviert bin ich als Teamerin (Ziele, Ideale, eigene Lust und Freude, Authentizität etc.)?
- Wie kompetent fühle ich mich (Selbsterfahrung, Verantwortung übernehmen/abgeben, Hilfe von außen, Planung/Spontanität, übernehmen/verändern, kombinieren, Selbstreflexion etc.)?
- Welche Arbeitsform mit Kolleginnen bzw. Kollegen liegt vor bzw. wird angestrebt (allein/zu zweit/zu dritt etc., geschlechtshomogen/-heterogen, gleichgestellt/hierarchisch, Supervision/Arbeitskreis etc.)?

II. Die Methoden

1. Bewegungs- und Kontaktspiele

Ziele: Körperkontakt aufnehmen; die Bewegungs- und Gestaltungskraft des eigenen und anderer Körper erfahren; Spaß haben an eigenen körperlichen Möglichkeiten.

Gruppengröße: 8–16.

Dauer: 30–60 Min.

Material: Instrumentalmusik (z.B. Deuter, Rother).

Vorbereitung: Hindernisse wie Tische, Stühle, Bänke an die Wand rücken.

Durchführung:

a) Sesselbauen

Die Mädchen gehen zu zweit zusammen. Eine stellt dabei das ›Baumaterial‹ dar (passiv), die andere ist die Designerin (aktiv), die daraus einen Sessel zu konstruieren hat. Ihre Partnerin liegt auf dem Boden und folgt den von ihr gegebenen Anweisungen. Der Sessel ist dann fertig, wenn die Designerin mit der Art der Bequemlichkeit etc. zufrieden ist. Anschließend gehen die Designerinnen spazieren und probieren die Sessel der anderen Teilnehmerinnen aus. Wichtig ist, daß danach die Rollen gewechselt werden.

b) Mir nach!

Die Mädchen gehen zunächst zu zweit zusammen. Ein Mädchen macht Bewegungen zur Musik, die andere imitiert diese, danach wird gewechselt.
Nach dieser Paarübung wird das Spiel in der Großgruppe weiter durchgeführt. Die Teamerin beginnt, indem sie »Mir nach!« ruft und z.B. rückwärts durch den Raum geht. Alle Mädchen imitieren nun ihre Körperbewegung, d.h. sie gehen rückwärts durch den Raum. Die Bewegung wird so lange ausgeführt, bis ein Mädchen »Stop« ruft. Nun müssen alle in der momentanen Körperhaltung verharren.
Ein nächstes Mädchen kann wieder die Bewegung aller initiieren, indem sie nun »Mir nach!« ruft und eine bestimmte Bewegung vormacht (z.B. Entengang, Hüpfen, Arme kreisen lassen etc.). Sie wird nach einer Weile wieder durch ein »Stop« unterbrochen usw.
Für die Teamerin: Sie sollte die Mädchen ermutigen, aktiv ins Geschehen einzugreifen, d.h. sowohl zu bestimmen, wie die Bewegung aussehen soll (»Mir nach!«) als auch eine vorgegebene Bewegung unterbrechen (»Stop«), wenn diese z.B. der momentanen Stimmung widerspricht oder nur einfach unbequem ist.

c) Bewege Dich im Raum

Die Teamerin gibt nacheinander unterschiedliche Anweisungen, wie sich die Mädchen im Raum bewegen sollen.
Beispiele: verschiedene Tempi (langsam, schnell, Zeitlupe), verschiedene Gefühlslagen (traurig, zornig, fröhlich), verschiedene Gangarten (humpeln, schlurfen, Entengang), verschiedene

Gegenstände tragen (Tablett mit Eiern oder Federn, zu zweit eine schwere Kiste und anschließend eine große Glasscheibe) etc.
Wichtig: Die Teamerin sollte diese Übung auf jeden Fall mitmachen!

Variation: Als Bewegungsübungen eignen sich auch Kinder- und Gesellschaftsspiele evtl. in abgeänderter Form, wie z.B. Katze und Maus, Vater Abraham oder die Reise nach Jerusalem.

Benutzte und weiterführende Literatur:
Bundesjugendwerk der AWO (Hg.), Praxismappe für Kinder, Jugendliche und Erwachsene, Bonn 1982, S. 45f, 120–142
Hübner, Reinhard/Kubitza, Ellen/Rohrer, Fritz, Spielräume für Gruppen, München 1985, S. 27–52, 74–103
Höper, Claus-Jürgen u.a., Die spielende Gruppe. 115 Vorschläge für soziales Lernen in Gruppen, Wuppertal [10]1984, S. 37–46

* * * * * * * * * *

2. Namensspiele

Ziel: sich beim Namen nennen und mit Namen ansprechen können.

Gruppengröße: ca. 12–16.

Dauer: ca. ½ Std.

Material: Kissen für a).

Vorbereitung: Bewegungsspiele zur Lockerung (siehe M 1) sollten möglichst vorweg durchgeführt werden oder mit Kennenlernspielen (siehe M 3) gekoppelt werden.

Durchführung:
a) Spiel mit Kissen
Die Mädchen sitzen im Kreis. Ein Kissen wird sich gegenseitig zugeworfen, dabei wird der Name der Beworfenen laut gerufen. Nach dieser Vorrunde (ca. 2 Min.) wird der Vorname mit einem Adjektiv versehen, das mit dem gleichen Buchstaben beginnt wie der Vorname, z.B. »attraktive Annegret« oder »intelligente Ingrid«. Gefällt der Beworfenen das Adjektiv nicht, darf sie das Kissen der Werferin zurückwerfen usw.

b) Spiel mit Geste
Die Mädchen stehen im Kreis. Jede Teilnehmerin präsentiert sich mit einer Geste (z.B. Kopfschütteln, Peace-Zeichen), indem sie in die Kreismitte tritt mit dem Satz »Ich bin ... (Vorname)« und die Geste beifügt. Die Gruppe wiederholt den Satz und die damit verbundene Körperhaltung.

Variation: *Namenkontrolle:* Die Mädchen schließen ihre Augen. Die Teamerin nennt nun langsam die Vornamen der Mädchen: »Vorname« – Pause – »Welches Gesicht taucht Euch in Gedanken bei diesem Namen auf? Laßt die Augen dabei geschlossen. Nun nenne ich einen neuen Namen ...« – Pause – »Welches Gesicht...« usw.

Nach der 1. Runde dürfen die Mädchen die Augen öffnen und ihre Erinnerungen auffrischen. Danach folgt die 2. Runde.

Benutzte und weiterführende Literatur:

Baer, Ulrich, Kennenlernspiele – Einstiegsmethoden, *hg. in Zusammenarbeit mit der Akademie Remscheid* (Bezug: Spiele-Basar Köln/Werkstatt für Medienarbeit und Freizeitpädagogik)

Bundesjugendwerk der AWO (Hg.), Praxismappe Spiele für Kinder, Jugendliche und Erwachsene, Bonn 1981, S. 27–32 (Oppelner Str. 130, 5300 Bonn 1)

Höper, Claus-Jürgen u.a., Die spielende Gruppe. 115 Vorschläge für soziales Lernen in Gruppen, Wuppertal [10]1984, S. 15–22

* * * * * * * * * *

3. Kennenlernspiele

Ziele: sich im Schutz eines Mediums anderen bekannter machen, sich vorstellen; Vertrauen zu einzelnen aufbauen.

Gruppengröße: 12–15.

Dauer: 45–60 Min.

Material: Zettel, Stifte; Frauenbilder aus Zeitschriften oder Fotos von Frauen für b).

Vorbereitung: Sammeln der Frauenmotive (Fotos, Zeitschriften). Übungen und Spiele, um die Namen kennenzulernen (vgl. M 2).

Durchführung:

a) Ein Jahr allein auf einer Insel

Jede überlegt für sich, welche 6 Gegenstände sie mit auf eine Insel nehmen würde, und notiert sie auf einem Zettel. Anschließend wählt sich jedes Mädchen eine Partnerin und macht sich mit ihr zunächst kurz bekannt (Alter, Beruf/Schule, Interessen ...).

Dann tauschen sie sich über ihre Gegenstände aus und erzählen einander, warum sie sie mitnehmen und welche Bedeutung diese für sie haben (ca. ½ Std.). Die Leiterin sammelt die Zettel ein und liest sie nacheinander vor. Die Mädchen sollen die entsprechende Person erraten und ihre Vermutungen erläutern.

(*Variante:* 6 Gegenstände/2 Personen bzw. Lebewesen.)

b) Eine Frau, die mich anspricht

Aus den auf dem Boden liegenden Fotos sucht sich jede eines aus, das sie anspricht. Im Sitzkreis teilt jede mit, warum sie dieses Bild gewählt hat, was es ihr bedeutet und über sie selbst aussagt. Benannt werden Ähnlichkeiten/Unterschiede zu sich selbst bzw. dem Wunschbild von sich selbst.

Variation: *Vertrauensspazierung:* Jedes Mädchen wählt sich eine Partnerin und macht mit ihr einen Spaziergang im Raum oder draußen. Gesprächsthema ist: Welche Erwartungen, Wünsche und Befürchtungen habe ich in bezug auf das Thema/Seminar? Was kann und will ich selbst dafür tun, daß es mir gutgeht?

Weitere Themen: Raumerkundung, Kontaktaufnahme zur räumlichen Umgebung.

Benutzte und weiterführende Literatur:
Antons, Klaus, Praxis der Gruppendynamik, Göttingen 1973
Gudjons, Herbert, Spielbuch Interaktionserziehung, Bad Heilbrunn 1987
Bundesjugendwerk der AWO (Hg.), Praxismappe Spiele für Kinder, Jugendliche und Erwachsene, Bonn 1982, S. 27–44, (Oppelner Str. 130, 5300 Bonn 1)
Höper, Klaus-Jürgen u.a., Die spielende Gruppe. 115 Vorschläge für soziales Lernen in Gruppen, Wuppertal [10]1984, S. 23–36

* * * * * * * * * *

4. Gruppenaufteilungsmöglichkeiten

Ziel: die Gruppe durch vorgegebene Arrangements und Kriterien in arbeitsfähige Kleingruppen aufteilen.

Gruppengröße: 6–20.

Dauer: 5–10 Min.

Material: Zeitschriftenbilder oder Poster, Schere, evtl. Bierdeckel zu a) – Wollknäuel zu b).

Vorbereitung:
zu a: Entsprechend der Anzahl der Teilnehmerinnen und der gewünschten Anzahl von Kleingruppen müssen ausgesuchte Zeitschriftenbilder oder Poster in Puzzlestücke zerschnitten werden (Beispiel: 18 Mädchen/3 KG = 3 Bilder in je 6 Puzzlestücke zerschneiden). Variante für Paarbildung: Bierdeckel in 2 unterschiedliche Teile zerschneiden.

zu b: Entsprechend der Teilnehmerinnenzahl müssen ca. 1 m lange Wollfäden angefertigt werden, und zwar 1 Wollfaden für je 2 Mädchen (Beispiel: 12 Teilnehmerinnen = 6 Wollfäden).

Durchführung:

a) Puzzle

Die Teamerin mischt die vorbereiteten Puzzleteile und läßt jedes Mädchen je ein Puzzleteil ziehen. Die gezogenen Teile müssen entsprechend zusammengelegt werden. Teilnehmerinnen eines Bildes/Posters/Bierdeckels bilden eine Kleingruppe bzw. ein Paar.

b) Wollnetz

Die Teamerin legt die vorbereiteten Wollfäden in der Mitte zum Bund zusammen. Jede Teilnehmerin faßt nun an ein Wollfadenende. Hat jede ein Ende gepackt, läßt die Teamerin los. Es bilden die Teilnehmerinnen ein Paar, die gemeinsam an einem Faden ziehen. Das entstandene Wollnetz muß dazu entwirrt werden.

c) Gleiche Kennzeichen

Es bilden die Teilnehmerinnen eine Kleingruppe, die die gleiche Augenfarbe haben oder in der gleichen Geschwisterfolge stehen (Erstgeborene, Letztgeborene, Mittelkind, Einzelkind) oder das gleiche Sternzeichen haben oder die gleiche Hosenfarbe haben u.ä.

Variation: Statt des Zufallsprinzips gibt es natürlich auch die Möglichkeit der freien Wahlentscheidung nach Sympathie und Antipathie.

Benutzte und weiterführende Literatur:

Gudjons, Herbert, Spielbuch Interaktionserziehung, Bad Heilbrunn 1987

* * * * * * * * * *

5. Körper- und Entspannungsübungen

Ziel: den eigenen Körper, seine Reaktionen und Möglichkeiten besser kennenlernen.

Gruppengröße: 6–12.

Dauer: ca. 1–2 Std.

Material: Decken, Kissen, Massageöl, Kerzen, Papier, Tapete, Makulaturpapier, Farbstifte, Musik (z.B. von Deuter, Kitaro, Rother, Vollenweider).

Vorbereitung:

- Soll Musik eingesetzt werden, muß diese vorher ausgesucht werden.
- Ein behaglicher, warmer Raum (ca. 20 Grad), gedämpftes Licht, Kerzen, Teppichboden und/oder Decken.
- Ausreichend Platz für jede (ca. 2 qm/Person).
- Bei längeren Übungen Teilnehmerinnen bitten, warme Kleidung mitzubringen, die nicht beengt (Pullover, Wollsocken etc.).
- Schmuck, Brillen etc. ablegen; Knöpfe, Gürtel, Reißverschlüsse bei Bedarf lockern.

Durchführung: Zu Beginn ist den Mädchen Sinn und Zweck der Übung anschaulich zu erklären, z.B. »dient der Entspannung«, »Kennenlernen des eigenen Körpers bzw. einzelner Körperteile« u.ä.m. Eine solche Erklärung baut Ängste ab, fördert das emotionale Sich-Einlassen auf die Übung. Immer muß die ›Erlaubnis‹ gegeben werden, daß eine, der es zuviel wird, aufhören kann.

Ruhig und langsam spricht die Teamerin die Übungsanweisung. Sie sollte dabei alle Mädchen und ihre Reaktionen im Blick haben. Bei vielen Übungen ist das »Du« angebracht, da es zu einem tieferen Körperbewußtsein anregt. Jede Übung sollte mit einer kurzen ›Selbst-Besinnungsphase‹ beginnen wie z.B.: »Komm langsam zur Ruhe, stell das Reden ein, laß in Gedanken den Tag an Dir vorbeiziehen bis zum jetzigen Augenblick, laß das Vergangene und komm innerlich hier an, konzentriere Dich nur auf Dich und Deinen Körper (den Körper Deiner Partnerin)« u.ä.m.

a) Rücken an Rücken

»Such Dir eine möglichst gleich große Partnerin, stell Dich mit ihr Rücken an Rücken, ohne sie zu berühren. Nimm wahr, wie Du allein stehen kannst. Nimm jetzt langsam Kontakt über Deinen Körper mit dem Deiner Partnerin auf. Spüre, wie sich das anfühlt, wo und wie Ihr Euch berührt, welche Gefühle – vielleicht auch Wünsche – in Dir wach werden (Zeit geben!). Nun einigt Euch ohne Worte, über Eure Rücken, wer von Euch zunächst die Führung übernimmt: Ihr beginnt Euch zu bewegen. Die eine bewegt sich vorwärts, die andere rückwärts, ohne den Kontakt der Rücken aufzugeben. Ihr seid wie am Rücken verwachsene Zwillinge. Experimentiert mit dem Höhenunterschied, geht mal in die Hocke, setzt oder legt Euch hin, was immer Ihr wollt, tut es. Wechselt zwischendurch auch mal die Führung, damit Ihr beide beides erlebt. Führen und Geführt-Werden. Ihr habt ca. 15 Minuten Zeit, ich sage Euch, wenn die Zeit zu Ende geht.« Dann: ›Löst Euch langsam voneinander, laßt Eure Rücken sich verabschieden. Nimm wahr, daß Du wieder für Dich allein stehst, stehen kannst. Setz Dich nun mit Deiner Partnerin zusammen und besprecht folgende Fragen:
– Was habe ich allein erlebt, vorher/nachher? Wie fühlte ich mich dabei?
– Was habe ich mit Dir erlebt? Was gefiel mir? Was machte mich sicher/unsicher? Welche Gefühle wurden wach – neue, alte, angenehme, unangenehme?«
Eventuell ein Partnerinnenwechsel und neuer Durchlauf.

b) Pizzabacken auf dem Rücken (Paarübung, ca. 40 Minuten)

»Sucht Euch eine Partnerin, der Ihr Euch anvertrauen mögt. Entscheidet, wer zuerst Pizzabäckerin ist. Die andere lege sich bäuchlings bequem auf den Boden (bei Hohlkreuz eine Deckenrolle unter den Rippenbogen legen). Ich selber bin auch Pizzabäckerin, ich gebe Euch jetzt die Anweisungen und zeige die Durchführung.
Wir wollen eine Pizza backen. Wir brauchen Mehl, Hefe, Milch, Eier und Salz. Legt die Zutaten auf den Rücken Eurer Partnerin, nutzt ihn als Tischplatte und stellt einen Teig her, knetet ihn, bis er geschmeidig ist, auf dem Rücken. Kneten und auswalzen und wieder kneten, dann schlagen und wieder kneten. (Zeit!) Jetzt legt ihn auf den Tisch (Rücken), und rollt ihn mit dem Nudelholz, bis der Teig hauchdünn ist. Nun kommt der Belag – zunächst verteilt die Tomatensauce über den gesamten Teig, achtet darauf, daß keine Stelle unbenetzt bleibt. Die ›Pizza‹ wünscht sich nun, womit sie belegt sein möchte, und Ihr belegt sie mit diesen Zutaten. Wenn Ihr fertig seid, schiebt die Pizza in den Ofen, indem Ihr den Rücken der anderen mit Euren Händen wärmt. Die ›Pizza‹ braucht ihre Zeit und Wärme, um gar

zu werden. Wenn es soweit ist, kratzt vorsichtig die verbrannten Stellen ab und schneidet die Pizza dann in 24 Stücke.

Wechselt jetzt, ohne zu sprechen, die Rollen.«

Anschließend können sich die beiden Partnerinnen miteinander austauschen, was sie erlebt und gefühlt haben. Je nach Größe und Vertrautheit der Gruppe schließt sich ein Kreisgespräch an.

c) Reise durch den Körper (Einzelarbeit in der Gruppe, ca. 45–90 Min.)

(Soll nach der Übung mit Körperumrissen gearbeitet werden, müssen diese vor der Übung hergestellt werden. Ein Mädchen legt sich dann rücklings auf eine Tapete, die Beine werden leicht gespreizt, Arme und Hände liegen neben dem Körper. Ein anderes Mädchen zeichnet mit einem dicken Stift die Umrisse der anderen möglichst exakt auf das Papier und umgekehrt. Jede legt sich dann auf ihren Umriß.)

Kurze Selbstbesinnungsphase (s.o.).

»Lege Dich so bequem und entspannt wie möglich auf den Rücken. Laß Deinen Atem fließen, versuche, ihn nicht zu kontrollieren. Wenn Du einatmest, kommt das Ausatmen wie von selbst – ein, aus, ein, aus. Störende Geräusche um Dich herum nimm wahr, aber kümmere Dich nicht darum, laß sie nebensächlich sein. Du wirst ruhiger und ruhiger.

Lenke nun Deine Aufmerksamkeit und Dein Bewußtsein in Deine Füße:

– Wie liegen sie auf dem Boden? Locker, entspannt, verkrampft?

– Was bedeuten Dir Deine Füße? Sind sie wichtig, selbstverständlich, oder wie würdest Du es benennen?

– Welches Bild fällt Dir zu Deinen Füßen ein? Wenn keines kommt, ist es auch o.k.

Durchwandere nun mit Deiner Aufmerksamkeit Deine Waden.

– Wie liegen sie? Entspannt, angespannt, oder fällt Dir eine andere Bezeichnung ein?

– Was bedeuten Dir Deine Waden?

– Welches Bild fällt Dir zu ihnen ein?

Geh nun weiter in Deine Knie. (Fragen wie oben bei den Füßen/Waden.)

Lenke nun Deine Aufmerksamkeit in und durch Deine Oberschenkel ...

Durchwandre mit Deiner Aufmerksamkeit Dein Becken ...

Richte Deine Aufmerksamkeit in Deine Pobacken ...

Geh mit ihr weiter zu Deiner Scheide/Möse.

– Spürst Du Deine Scheide/Möse?

– Ist ihre Muskulatur entspannt oder verkrampft?

– Was bedeutet Dir Deine Scheide/Möse? Welches Gefühl hast Du dazu?

– Welches Bild fällt Dir zu Deiner Scheide/Möse ein?

Lenke nun Dein Bewußtsein in Deine Bauchhöhle. (Fragen wie oben.)

Führe es zu Deinem Steißbein und laß es die Wirbelsäule hochsteigen.

Durchwandere mit Deiner Aufmerksamkeit entlang der Rippen Deine Brusthöhle, verweile bei Deiner Brust ...

Laß Dein Bewußtsein dann aufsteigen in Deine Schultern ...

Durchwandere daran anschließend Deine Oberarme ...

Geh weiter in Deine Ellbogengelenke ...

Laß Deine Aufmerksamkeit weiterwandern in Deine Unterarme ...

Laß sie nun durch das Handgelenk in Deine Handteller und jeden einzelnen Finger strömen ...

Zieh Deine Aufmerksamkeit von den Händen weg und führe sie durch die Unterarme, die Ellbogengelenke, die Oberarme und in den Schultergürtel ...

Laß sie von dort aufsteigen in Deinen Nacken, in die Halswirbel ...

Führe Dein Bewußtsein weiter in den Hinterkopf und langsam den ganzen Kopf entlang ...

Laß sie dann in Dein Gesicht gleiten ...

Und von dort weiter in den Mund, den Atemraum, und atme noch einmal alle Verspannungen aus Deinem Körper heraus. Genieße diesen Zustand für einen kurzen Augenblick. (Pause)

Mach Dich nun mit dem Gedanken vertraut, wieder in diesen Raum und zu den anderen Menschen zurückzukehren. Laß und nimm Dir Zeit dafür. Bewege Dich langsam, räkele Dich, vielleicht willst Du auch gähnen. Öffne die Augen, strecke und recke Dich und komm langsam über die Seite hoch und nimm den Raum und die anderen Menschen wieder wahr.«

Die gemachten Erfahrungen und Bilder können in Paar- bzw. Kleingruppengesprächen ausgetauscht werden oder zunächst in die Körperumrisse eingezeichnet werden. Dabei können die Mädchen mit Farbstiften die entstandenen Bilder einzeichnen, Gefühle durch Farben oder Symbole ausdrücken oder ihre einzelnen Körperteile beschriften.

Bei allen Körper- und Entspannungsübungen ist neben der Selbst-Besinnungsphase am Anfang die *Rückführungsphase* zum Ende wichtig, damit die Übung nicht zu abrupt beendet oder abgebrochen wird und die Teilnehmerinnen in der Realität wieder Fuß fassen können. Dies kann folgendermaßen geschehen: »... und jetzt verabschiedet Euch und lenkt Eure Aufmerksamkeit zurück in diesen Raum, nehmt wahr, wer und was hier ist.«

Variation: Phantasiereisen (siehe Literaturhinweise).

Benutzte und weiterführende Literatur:

Mittermair, Franz, Körpererfahrung und Körperkontakt. Spiele, Übungen und Experimente für Gruppen, Einzelne und Paare, München 1985

Streitfeld, Harold S./Lewis, Howard R., Spiele, die glücklich machen, Bergisch-Gladbach 1973

Müller, Else, Du spürst unter deinen Füßen das Gras. Autogenes Training in Phantasie- und Märchenreisen. Vorlesegeschichten, Frankfurt 1983

Stevens, John O., Die Kunst der Wahrnehmung, München ²1976, S. 143–173

Vopel, Klaus W., Interaktionsspiele I bis VI, Hamburg 1987

Vopel, Klaus W., Interaktionsspiele für Kinder/Jugendliche, Teil 1–4, Hamburg 1978ff

* * * * * * * * * *

6. Verteilungskuchen und Persönlichkeitsräder

Ziele: sich über die eigene Prioritätensetzung klar werden; Realität mit Wunschvorstellungen vergleichen, Veränderungsmöglichkeiten erwägen und umsetzen.

Gruppengröße: 6–12.

Dauer: 1–2 Std.

Material: Papier (mindestens DIN A4), Stifte.

Vorbereitung: Die Teamerin kann für diese Methode das Übungsblatt vorbereiten, indem sie auf ein Blatt Papier einen Kreis von ca. 20 cm Durchmesser aufzeichnet und dieses Blatt mehrfach (je nach Teilnehmerinnenzahl) fotokopiert.

Durchführung: Die Teamerin verteilt an die Mädchen die vorbereiteten Fotokopien oder bittet diese, daß jede auf ihr Papier einen Kreis von ca. 20 cm Durchmesser zeichnet. Entsprechend der vorher ausgewählten Frage oder dem besprochenen Themenbereich (z.B.: »Wie teile ich meine Freizeit auf?«, oder: »Welche Eigenschaften habe ich?«) macht jede zunächst für sich allein ein Brainstorming. Die Stoffsammlung wird neben dem Kreis untereinander aufgeschrieben (ca. 10 Min.).
Jedes Mädchen soll nun eine eigene Wichtigkeitshierarchie entwerfen, indem die gesammelten Gedanken in eine Reihenfolge – je nach Priorität – gesetzt werden. Hierbei können Punkte oder Symbole (z.B. x = wichtig, xx = sehr wichtig, xxx = besonders wichtig!) verwendet werden. Im Anschluß daran werden nun vom Kreismittelpunkt aus Speichen eingezeichnet (für Persönlichkeitsräder) oder Kuchenstücke aufgemalt (für Verteilungskuchen). Die Größe der einzelnen Stücke bestimmen die Mädchen, sie richtet sich nach der Wichtigkeit der Themen/Begriffe, die aus der Stoffsammlung eingetragen werden. Die vorher gesammelten Ergebnisse sollten möglichst vollständig – einzeln oder zusammengefaßt – in dem Rad/Kuchen eingetragen werden (ca. 10 Min.). Die Teamerin sollte darauf achten, daß jedes Mädchen für sich allein arbeitet. Zu zweit oder in Kleingruppen (3–4) stellen sich die Mädchen dann gegenseitig ihre Kreise vor und tauschen sich über die eingezeichneten Begriffe etc. aus (10–15 Min. pro Teilnehmerin).

Variation: Um Ist- und Soll-Zustand (Wunschvorstellung) zu vergleichen, kann ein zweiter Kreis gezeichnet werden, z.B. zu der Frage: »Wie sieht mein momentaner (Berufs-)Alltag aus?« (1. Kreis) / »Wie möchte ich, daß er aussieht?« (2. Kreis).

Weitere Themen: »Zeit für Alleinsein – Freundschaft – Clique«; »Liebeskuchen oder Beziehungskuchen«.

Benutzte und weiterführende Literatur:
Gudjons, Herbert, Spielbuch Interaktionserziehung, Bad Heilbrunn/Obb. ³1987, S. 103f

* * * * * * * * * *

7. Bildcollagen

Ziel: mit vorgegebenen Materialien ein Thema kreativ gestalten und über dieses Produkt ins Gespräch kommen.

Gruppengröße: 6–20.

Dauer: ca. 2 Std. und länger.

Material: diverse Zeitschriften, Zeitungen, Broschüren, evtl. pro Person einen Pappkarton (DIN A2), Klebstoff, Schere, für alle Buntpapier, Mal-/Wachs-/Filzstifte, Fotos, bunte Kordel.

Vorbereitung:
- Im Vorfeld ist das Material zu besorgen bzw. zu sammeln.
- Ausreichendes Material – Bild- und Schriftmaterial – ist zusammenzustellen.
- Die Materialauswahl sollte vielfältig sein, z.B. Illustrierte, Frauenzeitschriften wie »Frau und Bild«, »Emma«, Infobroschüren des Arbeitsamtes (besonders bei beruflichem Oberthema wichtig, da dort häufiger Bilder/Fotos von berufstätigen Frauen abgebildet sind).

Durchführung: Zum vorgegebenen Thema/zur Übungsaufgabe erstellen die Mädchen als einzelne, in Paar-, Kleingruppen oder als Gesamtgruppe eine Bildcollage. Sie zerschneiden, zerreißen dazu die Materialien, arbeiten mit Bildern, Schriftzügen aus den Materialien, die sie aber auch handschriftlich ergänzen, verändern, korrigieren können. Aus all diesen Elementen gestalten sie ein eigenes Bild in Form einer Collage.
Anschließend werden die Collagen vor- bzw. ausgestellt, besichtigt, und es wird versucht, gemeinsam auszuwerten. Auswertungsgesichtspunkte können sein:
- Was will und kann ich von dem Ausgesagten erreichen?
- Was brauche ich dazu, welche Voraussetzungen muß ich erfüllen/sind nötig?
- Was mache ich, wenn es mir mißlingt, wenn ich mein Ziel nicht erreichen kann?
Wichtig: Die Teamerin sollte mitmachen, jedoch das Ergebnis nicht zu sehr steuern.

Variation: Ausgesuchte Comics aus Zeitschriften/Zeitungen etc. werden zu einem vorher festgelegten Thema neu gestaltet, d.h. der Sprechblasentext wird neu geschrieben (vorher den alten mit Tipp-Ex entfernen) und die Reihenfolge der Bilder ggfs. verändert.

Weitere Themen: »Käufliche Liebe« – »Sexualität und Gewalt« – »Eine richtige Frau ist schlank – Frauen & Diät« – »Frauen in gewerblich-technischen Berufen« – »Männer in Frauenberufen«.

Benutzte und weiterführende Literatur:
Landmaack, Barbara/Braune-Krickau, Michael, Wie die Gruppe laufen lernt. Anregungen zum Planen und Leiten von Gruppen, Weinheim und Basel 1985

* * * * * * * * * *

8. Malaktion

Ziele: Spaß entwickeln beim lustvollen Umgang mit Farbe; selbstbestimmter Umgang mit dem Inhalt der Darstellung.

Gruppengröße: 6–20.

Dauer: ca. 20 Min. bzw. 2–3 Std., je nach Intensität.

Material: Papier, Tapete, Wasserfarbe/Fingerfarbe/Bunt- oder Filzmalstifte/Wachsmalkreide, Pinsel, Wassertöpfe, Lappen, Scheren.

Vorbereitung: Bei größeren Plakatwandaktionen sollte für ausreichend Platz auf dem Boden/an der Wand gesorgt werden. Zu schützende Gegenstände sollten entweder abgedeckt (Folie/Zeitungspapier) oder ggfs. weggeräumt werden. Die Mädchen sollten möglichst ältere Kleidung anziehen oder ggfs. Schürzen/Kittel tragen. Als ›Rundum-Schutz‹ eignen sich auch umfunktionierte Müllbeutel, indem seitlich zwei Löcher für die Arme und an der Bruchkante ein Loch für den Kopf eingeschnitten werden. Für kleine Aktionen gelten diese Vorsichtsmaßnahmen im eingeschränkten Maß. Vor dem Start sollte zur Orientierung eine Zeitangabe erfolgen! Für kleinere Malaktionen (z.B. als Abschluß einer vorherigen Übung) gilt: eher weniger Zeit als zuviel (ca. 15 Min.) vorgeben. Dies mindert i.d.R. den aufkommenden Leistungsdruck. Zu betonen ist, daß keine Kunstwerke erwartet werden.

Durchführung: Malaktionen bilden meistens den Abschluß einer Übungsfolge oder stehen als Hauptaktion im Vordergrund. Die Teilnehmerinnen können allein oder gemeinsam (Kleingruppe/Großgruppe) ein Bild/Plakat erstellen. Bei Gemeinschaftsaufgaben sollte die Teamerin darauf achten, daß nicht nur die angeblichen Meisterinnen zum Zuge kommen, sondern möglichst alle mitbeteiligt sind. Viel zu schnell werden Maßstäbe gesetzt, wer gut malen kann bzw. was schön, »irre« und zu gebrauchen ist. Größere Produkte, die nicht an einem Tag fertiggestellt werden können, sollten gut verschlossen werden. Bei Einzelarbeit sollten die Mädchen möglichst bei sich selbst und ihrem Bild bleiben, d.h. es sollten ihnen sowohl der Unsinn des Abmalens als auch die Tatsache, daß es keine Zensurenvergabe geben wird, verdeutlicht werden. Falls möglich, sollte den Mädchen die Auswahl des Farbenmaterials selbst überlassen werden, da jede ihre individuellen Ausdrucksmöglichkeiten hat und mit entsprechendem Material verwirklichen kann.
Etwa 5 Minuten vor dem abgesprochenen Zeitende sollte die Teamerin die letzten 5 Minuten ankündigen mit dem Hinweis: »Es soll kein Meisterwerk werden. Wer Lust hat, kann zu Hause weitermalen.« Auf Zeitverhandlungen einzelner, z.B.: »Ich habe gerade erst angefangen!«, sollte sie sich möglichst nicht einlassen.
Mögliche Auswertungsfragen sind:
– Was habe ich versucht, auf dem Bild darzustellen?
– Was drücken die Formen, Symbole, Farben etc. für mich aus?
– Bei Gruppenaktionen: Wie zufrieden/unzufrieden bin ich/sind wir mit dem Produkt?
– Wie verlief die Kooperation?
– Wer hat den Herstellungsprozeß gesteuert, wer hat sich zurückgehalten? Welche Gründe gab es dafür?

Variation: Malen ohne verbale Verständigung; Malen mit verschlossenen Augen (möglichst die Augen mit einem Tuch oder Schal verdecken).

Weitere Themen: »Träume« – »Urlaub« – »Mein (vorgestellter) Orgasmus« – »Mein beruflicher Alltag« – »Meine Familie«.

Benutzte und weiterführende Literatur:
Meyers, Hans, Bildnerische Techniken, Ravensburg 1987

* * * * * * * * * *

9. Arbeiten mit Gips (Gipsmasken/-abdrücke)

Ziele: mit Gips gestalterisch arbeiten; einfühlsam mit fremden Körperteilen umgehen; sich vertrauensvoll in »die Hand« einer anderen Person begeben.

Gruppengröße: 8–14.

Dauer: 2–3 Std.

Material: Vaseline oder eine andere Fettcreme, Handtücher, Haarklemmen, Gummibändchen, Seife, Wasser, Schüsseln, Gipsbinden (ca. 1,5–5 cm breit), Scheren, Zeitungen, evtl. ruhige Hintergrundmusik.

Vorbereitung: Die Gipsbinden können in jedem Bastelladen oder in der Apotheke/Drogerie gekauft werden. Für jedes Teilnehmerinnenpaar müssen 3 Gipsbinden, 1 Schüssel mit Wasser und 1 Schere bereitgestellt werden. Der Boden/Teppich sollte mit alten Zeitungen abgedeckt werden. Der Teilnehmerin, der zunächst eine Gipsmaske angelegt werden soll, sollte vorher eine alte Decke oder Kissen unter den Kopf gelegt werden, da sie die gesamte Zeit ruhig liegen muß.

Durchführung: *Gesichtsgipsmasken:* Die Mädchen teilen sich in Paare auf. Die Hälfte legt sich bequem und entspannt auf den Boden. Ihnen werden zunächst sämtliche Haare aus dem Gesicht nach hinten weggebunden, damit keine Haare später mit dem Gips verkleben (Handtücher, Gummibänder, Haarklemmen benutzen). Danach wird das gesamte Gesicht mit Creme bedeckt. Augenbrauen sollten mit einer besonders dicken Schicht bedacht werden. Die Gipsbinden werden nun in 1–2 cm breite Streifen geschnitten und kurz in eine Schale mit Wasser getaucht, so daß sie naß werden. Vom Gesichtsrand her zur Gesichtsmitte hin (am besten immer im Kreis) werden sie nun aufgelegt und verarbeitet. Es muß darauf geachtet werden, daß diese Streifen fest auf dem Gesicht verstrichen werden, damit sich darunter keine Luft sammeln kann. Wenn die Augen der Maske offenbleiben sollten, werden die Gipsstreifen einfach um die Augen herumgearbeitet. Sollen die Augen aber geschlossen sein, dann müssen zwei augengroße Alupapiere zurechtgeschnitten werden und auf die geschlossenen Augen gelegt werden. Danach kann wie gehabt weitergearbeitet werden.

Achtung: Falls der Mund geschlossen werden soll, müssen die Nasenlöcher auf jeden Fall so frei bleiben, daß genügend Luft eingeatmet werden kann.

Die Maske kann mit Hilfe von Wasser (Finger befeuchten) geglättet werden. Nach ca. 15–20 Minuten sind Gips und Gipsmaske gänzlich abgebunden und somit stabil geworden. Nun gilt es, die Maske vorsichtig vom Gesicht zu lösen. Grimassenziehen kann dabei helfen. Es ist wichtig, daß die Mädchen unter der Maske nicht das Gefühl von Angst bekommen; aus diesem Grund muß langsam und sorgfältig gearbeitet werden und durch Sprechen der Kontakt gehalten werden. Die Atmosphäre kann man durch Hintergrundmusik behaglicher gestalten. Nach dem Wechsel werden die fertigen Gipsmasken gegenseitig vorgestellt. Es kann überlegt werden, wie die Masken noch weitergestaltet werden können (Anmalen etc.).

Variation: Es können auch Gipsabdrücke von anderen Körperteilen (z.B. Busen, Hand) angefertigt werden.

Weitere Themen: »Ich in 50 Jahren« – »Umwelteinflüsse auf unserem Gesicht« – »Maskenspiele«.

* * * * * * * * * *

10. Brainstorming

Ziele: Ideen, Einfälle ungefiltert und ohne Bewertung aussprechen; den Prozeß der schöpferischen Ideenproduktion anregen und fördern.

Gruppengröße: ca. 6–12.

Dauer: ca. 1–2 Std.

Material: Papier/Tapete, Stifte.

Vorbereitung: »Brainstorming« heißt sinngemäß, die eigenen Gedanken – ohne lange zu überlegen – sprudeln und spielen zu lassen und zu äußern. Ohne Bewertung werden die Ideen/Sätze und Wörter zunächst gesammelt und aufgeschrieben, um sie später auszuwerten und mit ihnen weiterzuarbeiten. Hierzu wird ein Thema, eine Fragestellung oder ein Gegenstand, wie z.B. ein Foto bzw. ein Bild, vorgegeben. Die Übung wird durch die Frage »Was fällt Dir dazu ein?« oder »Was geht Dir durch den Kopf, wenn Du das hier siehst bzw. hörst?« eingeleitet. Neben den Gedanken können natürlich auch Gefühle und Emotionen artikuliert werden.

Durchführung: Ein Brainstorming kann jedes Mädchen zunächst allein durchführen, es können dann aber auch im Gruppenprozeß alle Einfälle und Vorstellungen gemeinsam zusammengetragen werden. Die Teamerin nennt dazu das Thema/den Satz oder zeigt ein Bild und fragt: »Was fällt Euch dazu ein?« Die Ergebnisse werden dann entweder allein oder gemeinsam (Wandzeitung) aufgeschrieben und anschließend diskutiert.

Etwas strukturierter ist ein Brainstorming mit vorbereiteten Kärtchen, auf denen je ein dem Thema entsprechendes Wort/entsprechender Satz steht.
Ein Beispiel: Zu dem Oberthema »Verhütungsmittel« werden folgende Kärtchen mit je einem Stichwort von der Teamerin angefertigt: Schwangerschaft, Nebenwirkungen, AIDS-Gefahr, Vertrauen, Kondom, Diaphragma, fruchtbare Tage, Kinder, Partner, Verantwortung, Rezept, Peinlichkeit, Sicherheit, Kirche u.ä.
Diese Kärtchen liegen zugedeckt auf dem Tisch und werden abwechselnd gezogen. Wer die Karte gezogen hat, sagt zunächst seine Einfälle, dann können die anderen ergänzen, nachfragen u.a.m. Danach zieht eine andere die nächste Karte. Spielregel: Jedes Mädchen darf einmal die Beantwortung verweigern.

Variation: Collage herstellen (siehe M 7).

Weitere Themen: »Liebe« – »Mädchenfreundschaft« – »Sexismus« – »Selbständigkeit« – »Arbeitsplatz« – »Lehrstelle« – »Frauen in Männerberufen«.

Benutzte und weiterführende Literatur:
Gudjons, Herbert, Spielbuch Interaktionserziehung, Bad Heilbrunn 1987, S. 210–211

* * * * * * * * * *

11. Schweigediskussion

Ziel: sich non-verbal einem (heiklen) Thema annähern.

Gruppengröße: ca. 6–12.

Dauer: ca. 15–30 Min.

Material: Tapete/Pappkarton etc., 1 Stift pro Teilnehmerin, Klebestreifen oder Stecknadeln.

Vorbereitung: Ein größeres Stück Papier (mindestens 40 × 30 cm) wird auf den Tisch oder Boden gelegt. Die Teamerin schreibt eine konkrete Frage oder das Oberthema auf dieses Papier.

Durchführung: Die Mädchen gruppieren sich um das Papier. Die Teamerin fordert sie auf, Statements oder Fragen zu dem gestellten Thema auf das Blatt Papier zu schreiben.
Beispiel: Zu dem Oberthema »Arbeitslosigkeit« können folgende Sätze/Fragen dazugeschrieben werden:
– »Kenne ich aus meiner Familie.«
– »Ist bestimmt frustrierend?« »Ja!!«
– »Was können wir dagegen unternehmen?« etc.
Die Teamerin teilt den Mädchen mit, wieviel Zeit (ca. 15 Min.) sie dafür haben, und achtet auf die Zeit. Ohne miteinander zu sprechen, kommt eine Diskussionsrunde auf dem Papier

in Gang durch notierte Fragen, Antworten, Bemerkungen zu Geschriebenem usw. Nach dieser non-verbalen Phase kann die Diskussion in direkter Rede fortgeführt werden.
Wichtig: Die Teamerin sollte mitmachen!

Variation: Es werden mehrere Blätter mit Fragen, angefangenen Sätzen, Bildern etc. in den Raum gelegt oder an die Wand geheftet. Die Mädchen können sich im Raum bewegen und ihre Ergänzungen schriftlich festhalten.

Weitere Themen: »Werte und Normen in der Sexualität« (z.B.: »Der gemeinsame Orgasmus ist das Höchste« – »Frauen sollten sich für den Richtigen aufbewahren«) – »Gewalt in der Sexualität« – »Trennung – Scheidung« – »Dabei fehlen mir die Worte ...« – »Konkurrenz um Frauen« – »Die Frau als Chefin«.

* * * * * * * * * *

12. Metapherübungen

Ziele: bildhafte Aussagen über eigene Erfahrungen und eigene Vorstellungen machen; Bilder als Hilfen für ein Feedback verwenden; Bilder als Hilfen für sprachlich schwer Beschreibbares benutzen.

Material: Papier/Wandzeitung, Stifte, evtl. 1 Kugel Knetmasse pro Person.

Gruppengröße: 10–15.

Dauer: ca. 1–2 Std.

Vorbereitung: Im Gegensatz zur offenen Form von Metapherübungen (z.B. »Frauen sind .../ sind wie ...«) müssen für die etwas strukturiertere Form Symbole vorgegeben werden. Die Teamerin könnte dafür z.B. folgende Anfangssätze auf eine Wandzeitung schreiben: »Frauen sind als Blumen ...« – »Frauen sind als Tiere ...« usw; oder: »Wenn Frauen Blumen wären, dann wären sie ...« – »Wenn Frauen Tiere wären, dann wären sie ...« Andere Symbole, die verwendet werden können, sind Autos, Kleidung, Farbe, Zigarettenmarke, Möbelstück, Zeitschrift u.ä. Soll Knetmasse mit einbezogen werden, muß dafür gesorgt werden, daß pro Teilnehmerin eine Handvoll Knete zur Verfügung steht.

Durchführung: Die Teilnehmerinnen können entweder allein oder gemeinsam (Wandzeitung) die Übung durchführen, indem sie persönliche Assoziationen, Ideen und Bilder zu der vorgegebenen Aufteilung aufschreiben oder nennen. *Beispiel:*
»Frauen sind als Blumen: – Rosen mit vielen Dornen.« »Frauen sind als Blumen: – Lilien.«
Dies sollte zunächst ohne jede Bewertung verlaufen, um ein möglichst breites Meinungs- und Gefühlsspektrum zu erhalten. Anschließend können die Ergebnisse vorgelesen werden, und ggfs. kann nach den einzelnen Bedeutungen gefragt werden. Erst dann sollte eine ausführliche Reflexionsphase erfolgen.

Mögliche Anleitungsfragen sind:
- Was ist mein erster Eindruck?
- Was überrascht mich – was nicht?
- Welchen persönlichen und gesellschaftlichen Hintergrund haben die Antworten?
- Wo sind Klischees/Stereotypen und Vorurteile verwendet worden? Wo weichen Antworten davon ab?

Variation: Parallel zur Übung können die Teilnehmerinnen auch eine Kugel Knete in ihren Händen ständig neu formen (ca. 30 Min.). Die Teamerin schreibt dann, ausgehend von diesen Produkten, auf eine Bodenzeitung die Antworten der im Kreis sitzenden Teilnehmerinnen auf. Sie geht zusätzlich auf die Teilnehmerinnen ein, indem sie diese mit ihren jeweiligen Knetformen konfrontiert (z.B. »Was hältst Du da gerade in den Händen?«). Wichtig ist der Hinweis, daß die Teilnehmerinnen nicht bewußt irgendwelche Kunstwerke produzieren sollen und womöglich noch die Nachbarin in ihrem Schaffen imitieren.
Auswertungsfragen könnten sein:
- Wie hast Du die Übung/das Kneten erfahren?
- Was wurde Dir dadurch bewußt?
- Hast Du Veränderungen während der Übung festgestellt?

Weitere Themen: »Sexualität/Liebe/Orgasmus ist wie ...« – »Verliebtsein ist wie ...« – »Bewerbung ist wie ...« – »Berufsschule ist wie ...«

Benutzte und weiterführende Literatur:
Gudjons, Herbert, Spielbuch Interaktionserziehung, Bad Heilbrunn 1987, S. 142f

* * * * * * * * * *

13. Diskussionsspiele

Ziele: die eigene Position verbal vertreten; sich in eine Gegenposition einfühlen.

Gruppengröße: ca. 6–12.

Dauer: ca. 1 Std.

Material: Papier, Spiel-/Fragekarten, Stifte, evtl. einige Exemplare der Zeitschrift »BRAVO« oder »MÄDCHEN«.

Vorbereitung: Falls Spiel-/Fragekarten mit in die Diskussion einbezogen werden sollen, müssen diese ggfs. aus entsprechender Literatur (s.u.) fotokopiert und ausgeschnitten werden. Anderenfalls muß entsprechendes Kartenmaterial mit Satzanfängen oder Fragen selbst angefertigt werden. Sollen Leserbriefe aus Zeitschriften diskutiert werden, müssen die Teamerin und/oder die Mädchen entsprechende Zeitungsartikel mitbringen.

Durchführung: Die Mädchen müssen zunächst mit dem Spielnamen und den jeweiligen Spielregeln (Redeeinsatz, -anteil, Auswahlkriterien etc.) vertraut gemacht werden. Es sollte darauf geachtet werden, daß möglichst alle zu Wort kommen.

a) Pro & Contra-Diskussion:
Zwei etwa gleich große Gruppen nehmen Stellung zu einer Streitfrage, indem sie durch Rede und Gegenrede ihre Meinung vertreten. Eine vorher gewählte Moderatorin achtet auf gleichmäßige Redeanteile und legt die zur Verfügung stehende Zeit fest. Die Mädchen müssen sich zu Anfang entscheiden, wie die Gruppenaufteilung vorgenommen wird. Es gibt verschiedene Möglichkeiten:
– Die Gruppenzugehörigkeit wird ausgelost.
– Die Mädchen nehmen ihre schon bestehenden Positionen ein.
– Die Mädchen nehmen die ihnen entgegengesetzte Position ein, um diese nachempfinden zu können.
Anschließend erfolgt ein Feedback.

b) Frau Dr. Frühling berät sie gern:
Vorhandene (siehe Zeitschriften) oder/und erfundene Leserbriefe werden von einer Kleingruppe (Frau Dr. Frühling und ihr Team/ca. 4 Personen) diskutiert und beantwortet. Die restlichen Gruppenmitglieder entscheiden, ob sie mit der Antwort hinsichtlich des aufgeworfenen Problems zufrieden oder unzufrieden sind. Nach jeder Frage-Antwort-Runde wird ein Mädchen des Beratungsteams ausgewechselt.

Variation: Bekannte TV-Sendungen (z.B.: »Wie würden Sie entscheiden?« oder »Doppelpunkt«) können in entsprechender oder abgeänderter Form durchgespielt werden.

Weitere Themen: »Frauen gehören an den Herd« oder »Frauen benötigen eine qualifizierte Berufsausbildung« – »Frauen haben weniger/mehr Lust auf Sex« (Pro & Contra).

Benutzte und weiterführende Literatur:
Baer, Ulrich, Remscheider Diskussionsspiele (darin: »Was wäre, wenn ...«-Spiel) (Bezugsquelle: Robin-Hood-Spiele-Versand)
Baer, Ulrich, Lernen in großen Gruppen (darin: »Pro & Contra-Spiel« und das »Streitgespräch«) (Bezugsquelle: s.o.)
Fricke, Senta/Klotz, Michael/Paulich, Peter, Sexualerziehung? Handbuch für die pädagogische Gruppenarbeit, für Berater und Eltern, Reinbek 1983, S. 308–315 (erweiterte Form des »Was wäre, wenn ...«-Spiels) (Bezugsadresse: Michael Klotz, 8000 München 40. Bestellung nur gegen Voreinsendung von 10 DM [Sonderpreis] auf das Konto M. Klotz, Postgiroamt München, BLZ 70010080, Konto-Nr. 440062–802 [nur solange der Vorrat reicht!])

* * * * * * * * * *

14. Fragebox

Ziel: Wünsche, Fragen, Vorschläge sammeln und auswerten.

Gruppengröße: ca. 12–18.

Dauer: ca. 2 Std.

Material: Pappkarton, Zettel, Stifte.

Vorbereitung: Ein Schuhkarton o.ä. wird als Briefkasten umfunktioniert und gut sichtbar im Mädchenraum aufgehängt. Zettel zum Ausfüllen liegen griffbereit. Die Mädchen werden aufgefordert, zu einem ausgewählten Thema Fragen zu stellen. Diese Fragen können auf die entsprechenden Zettel geschrieben (anonym) und in den Briefkasten (Fragebox) geworfen werden. Es wird ein Zeitraum vereinbart – z.B. eine Woche wird die Fragebox hier hängen –, in welchem die Mädchen die Möglichkeit haben, ihre persönlichen Fragen zu dem Thema aufzuschreiben.
Die Teamerin sollte kontrollieren, ob das Angebot in Anspruch genommen wird. Sie kann die Mädchen ggfs. erinnern.
Falls eine Expertin die Fragen beantworten will, muß diese rechtzeitig benachrichtigt werden.

Durchführung: Die Zettel werden eingesammelt, und anschließend wird versucht, die Fragen zu beantworten.
– Die Mädchen ziehen abwechselnd eine Frage und beantworten sie allein.
– Die Mädchen beantworten die Fragen gemeinsam.
– Die Teamerin beantwortet die Fragen.
– Eine Expertin wird für die Beantwortung der Fragen eingeladen.
Die Teamerin sollte noch einmal betonen, daß es völlig egal ist, wer die Absenderin der gestellten Frage ist. Spekulationen über die mögliche Person sollte sie unterbinden.
Nach der ersten Fragestunde können zusätzliche Fragen aufgeschrieben werden, die durch die vorherige Diskussion neu aufgetreten sind. Auch diese Fragen werden anonym beantwortet.

Variation: offene Wandzeitung – Fragen, die öffentlich gestellt werden, beantworten die Mädchen gemeinsam in der Gruppe.

Weitere Themen: »Liebe zu einer Frau« – »Sexuelle Phantasien« – »Sexuelle Belästigung in der Schule/am Arbeitsplatz« – »Schulden/Geldprobleme«.

* * * * * * * * *

15. Ratespiele und Erkundungs- und Suchspiele

Ziele: Sich spielerisch mit ausgewählten Wissensgebieten auseinandersetzen; das eigene Lebensfeld unter bestimmten Gesichtspunkten erforschen.

Gruppengröße: ca. 12.

Dauer: je nach Intensität 2–6 Std.

Material: Papier und Stifte.

Vorbereitung: Je nach Art und Intensität des ausgewählten Spiels müssen Fragen und Aufgaben formuliert, Spielzubehör (ggfs. Preise) besorgt oder angefertigt, evtl. Institutionen informiert werden etc. Falls eine Fahrradrallye geplant ist (rechtzeitig Teilnehmerinnen informieren!), müssen die Fahrräder vorher auf ihre Fahrtüchtigkeit kontrolliert werden.
Bei Spielen außerhalb des Mädchen-Raumes (Club/Zentrum) sollte grundsätzlich dafür Sorge getragen werden, daß jedes Mädchen mindestens 0,30 DM für Notfälle (Verlaufen, Angst etc.) zum Telefonieren bei sich trägt.

Durchführung:
a) Ratespiele
Sie können in Form von bekannten Quizsendungen (z.B.: »Was bin ich?«, »Der große Preis«, »Die Montagsmaler«, »1, 2 oder 3«) durchgeführt werden. Entsprechend der Vorgabe oder in abgeänderter Form müssen die Teilnehmerinnen allein oder in Kleingruppen die Kandidatinnen, Moderatorin, Stargäste etc. spielen. Ausgewählte, mädchenorientierte Themen bestimmen das Motto.
Konkurrenz- und Kampfstimmung sollte möglichst nicht aufkommen, indem man z.B. Preise für alle verteilt.

b) Erkundungs- und Suchspiele
Sie können in ihrer Intensität (Anzahl der Aufgaben, Schwierigkeitsgrad, Ortswechsel etc.) und Dauer stark variieren. Neben Wissensfragen (z.B.: »Was heißt ›Job-sharing‹ übersetzt?« – »Was ist ein Eisprung?«) können Erkundungsaufgaben (z.B.: »Welche Sprechzeiten hat die städt. Gleichstellungsbeauftragte?« – »Gibt es ein Berufsinformationszentrum im Arbeitsamt?«) oder Suchaufgaben (z.B.: »Wo steht der nächste Kondomapparat?« – »Suche die Litfaßsäule vor dem Postgebäude und skizziere die abgebildete Werbeanzeige. Kritisiere sie.«) stehen.
Interessant sind auch Geschicklichkeitsaufgaben (z.B. zu zweit eine Teilnehmerin in einer Decke tragen oder ein Loch im Fahrradschlauch flicken).
Wichtig bei allen Spielformen sind die Integration von Witz und Spaß und die Freiheit, vorgefundene Strukturen, z.B. bei bekannten Quizsendungen, durch Ergänzung oder Parodie etc. zu verändern.

Weitere Themen: »Berufstätige Frauen im Umkreis von 500–1000 m und deren Lebenswelt« (Erkundungsspiel) – »Sexual pursuit – was Sie schon immer über die weibliche Sexualität wissen wollten!« – »Der große Preis« zum Thema: »Frauen und Geschichte«.

Benutzte und weiterführende Literatur:
Bundesjugendwerk der AWO (Hg.), Praxismappe Spiele für Kinder, Jugendliche und Erwachsene, Bonn 1982, S. 94–108, 143–156

* * * * * * * * * *

16. Rollenspiel

Ziele: Rollenerwartungen/-anforderungen und -interpretationen bewußt machen und überprüfen; Handlungsalternativen und Konfliktstrategien entwickeln und erproben; Konfliktfähigkeit einüben, Lösungen vorwegnehmen und überprüfen.

Gruppengröße: 4–16.

Dauer: 1–2 Std. (evtl. länger).

Material: diverse Kleidungsstücke, Hüte, Brillen, Masken, Tische, Stühle, Kleinrequisiten.

Vorbereitung:
– Anlässe ergeben sich aus Vorfällen in der Gruppe, Familie, Schule, im Betrieb, aus Filmszenen, Werbespots, Fernsehsendungen, Fotos, Reklame, beobachteten Situationen auf der Straße.
– Requisiten bereitstellen bzw. bereitlegen.
– Die Spielsituation wird von dem Mädchen (der Leiterin), das sie einbringt, klar beschrieben: Ort, Zeit, evtl. Vorgeschichte, beteiligte Personen (Alter, Geschlecht, Position/Funktion, Beruf, Auftreten, Sprache, Handlungs-/Verhaltensweisen).
– Abhängig vom Ziel bzw. der Funktion des Rollenspiels je nach Ziel bzw. Funktion des Rollenspiels gibt es wenige bis viele Vorgaben.
– Arrangieren der Szene mittels der Requisiten.
– Wahl bzw. Bestimmen der Spielerinnen (wichtig: keine Rollen aufdrängen, die jemand nicht übernehmen will oder in denen man sich nicht wohlfühlt).
– Nie mehr als 6 Spielerinnen spielen lassen, die übrigen Teilnehmerinnen schauen zu und/oder erhalten Beobachtungsaufgaben, z.B. die der »Doppelgängerin«, d.h. sich mit einer Spielerin zu identifizieren, sich einzufühlen und ihr Handeln zu verstehen, die eigenen Gefühle dabei wahrzunehmen oder z.B. besonders die mimisch-gestischen Handlungsanteile zu beobachten und mit den sprachlichen Äußerungen auf Stimmigkeit zu prüfen etc.

Durchführung: Gemäß ihren übernommenen Rollen spielen die Mädchen die zentrale Sequenz der ausgewählten Situation. Die anderen schauen zu und beobachten. Das Rollenspiel können entweder die Mädchen oder die Teamerin an einer entsprechenden Stelle unterbrechen oder beenden. Eine ausführliche Auswertung schließt sich an. Dafür empfiehlt sich folgende Reihenfolge: Spielerinnen teilen mit, was und wie sie sich erlebt haben. (Wie habe ich mich gefühlt? Was war mir angenehm/unangenehm? Was war mir neu, hat mich überrascht?) Danach teilen die anderen ihre Wahrnehmungen mit. Es ist darauf zu achten, daß keine Kritik an den Rollenspielerinnen als Individuen erfolgt, sondern Kritik an der Rolle (z.B.: »Als Mutter war Claudia zu dominant« statt »Claudia war zu dominant«). Situations-(auf)-klärend ist oftmals eine Gegenüberstellung der Selbstwahrnehmung der Rollenspiele-rinnen und der Wahrnehmung der anderen Spielerinnen und Zuschauerinnen. Nach der Auswertungsrunde muß ›derolliert‹ werden, d.h. die Spielerinnen müssen aus der Rolle ent-lassen werden. Beispiel: »Du bist jetzt wieder Ingrid und nicht mehr die böse Mutter« – »Ich bin Ingrid.« Dies ist wichtig, da gerade bei intensiven Spielen manche Mädchen nicht allein in die Realität zurückfinden.

Variation: Nachdem zunächst reale Situationen gespielt worden sind, sollen die Teilnehme-rinnen nun so spielen, wie sie in der jeweiligen Situation zu handeln wünschten.

Weitere Themen: »Wie mache ich einen Jungen an?« – »Ich brauche Verhütungsmittel.« – »Wer soll verhüten – ich oder er?« – »Angst vor AIDS-Infektion – wie spreche ich dieses Thema an?«

Benutzte und weiterführende Literatur:

Arbeitskreis pädagogisches Rollenspiel e.V. (Hg.), Spielen und Anwenden. Rollenspielarbeits-buch 1, Hannover 1984 (APR c/o Ev. FHS Hannover, Postfach 690309, 3000 Hannover 69)
Schützenberger, Anne, Einführung in das Rollenspiel, Stuttgart 1976
Höper, Claus-Jürgen u.a., Die spielende Gruppe. 115 Vorschläge für soziales Lernen in Grup-pen, Wuppertal [10]1984, S. 113–127

* * * * * * * * * *

17. Planspiel

Ziele: sich in verschiedene Rollen einfühlen und diese umsetzen; systematische Zusammen-hänge durchschauen und handhaben lernen; Handlungs- und Konfliktlösungsstrategien ent-wickeln und erproben.

Gruppengröße: 9–20.

Dauer: 3–6 Std. (oder länger).

Material: diverse Kleidungsstücke, Tische, Stühle, Kleinrequisiten, Briefbögen und Briefum-schläge, Durchschlagpapier.

Vorbereitung: Ausgehend von real existierenden oder fiktiv angenommenen Alltagskon-flikten, muß die Teamerin die Ausgangslage einer Problemsituation klar beschreiben und schriftlich fixieren. Entsprechend der darin vorkommenden Personen und Institutionen muß die Anzahl der aktiv teilnehmenden Gruppen und deren Rollen festgelegt werden.
Beispiel: Situationsbeschreibung: Ein Zahnarzt hat einer weiblichen Auszubildenden schrift-lich einen Ausbildungsplatz zugesichert, wenn sie 3 Monate unentgeltlich bei ihm arbeitet

und er mit ihr zufrieden ist. Nach 3 Monaten will er um weitere 3 Monate die Probezeit verlängern ...

Es sind folgende Personen beteiligt: die angehende Arzthelferin, der Arzt, die Freundinnen der Frau, die Gleichstellungsbeauftragte usw. Für die Gruppe (ca. 2–5 Mädchen) müssen schriftliche Angaben zur Rolle und Rollenfunktion angefertigt werden (incl. des möglichen Informationsmaterials). Die möglichst genauen Rollenbeschreibungen dürfen jedoch den eigenen Gestaltungsfreiraum der Mädchen nicht einengen.

Durchführung: Die Teamerin übernimmt die Spielleitung (Koordination, Moderation, Dokumentation) und beschreibt die Ausgangslage. Die Mädchen ordnen sich den entsprechenden Gruppen zu. Jede Gruppe bekommt je eine Kopie der Ausgangssituationsbeschreibung und aller teilnehmenden Gruppen und weiteres Schreibmaterial. Kleidungsstücke etc. dienen der Motivations- und Identifikationssteigerung. In der ersten Phase ziehen sich die jeweiligen Gruppen zurück (ca. 20 Min.), um sich mit den Rollen vertraut zu machen und Ziele und Strategien zu entwickeln für ihr weiteres Vorgehen. Schriftlich in Form von Briefen oder mündlich in Form von Verhandlungsversammlungen treten die einzelnen Gruppen miteinander in Kontakt und versuchen, ihre Interessen aktiv zu vertreten und die anderer wahrzunehmen. Dabei werden sie zu jeder Zeit über alle Spielaktionen und Veränderungen im Geschehen informiert (Spielleitung, Briefe mit Durchschlag).

Ausreichend Zeit wird der Zwischenreflexion und der Abschlußreflexion gewidmet.

Mögliche Auswertungsfragen sind:

– Wie habe ich das Spiel erfahren?
– Was war angenehm/unangenehm?
– Wo gab es Schwierigkeiten?
– Wie zufrieden bin ich/sind wir mit dem Prozeßergebnis?
– Was kann ich/können wir in den Alltag mitnehmen?

Variation: Die Gruppenmitglieder treten ausschließlich mündlich in Kontakt.

Weitere Themen: Eine Schüler/innenzeitung wird von der Schulleitung zensiert, weil ein Mädchen von sexuellen Angriffen eines Lehrers berichtet. Mitspielende Personen: Schulleitung, Lehrer/innen, Schüler/innen, Eltern, örtliche Tageszeitungsvertretung, Politiker/innen u.a.

Benutzte und weiterführende Literatur:
Gudjons, Herbert, Spielbuch Interaktionserziehung, Bad Heilbrunn 1987, S. 190–200
Bundesjugendwerk der AWO (Hg.), Praxismappe Spiele für Kinder, Jugendliche und Erwachsene, Bonn 1982, S. 233–244

* * * * * * * * * *

18. Darstellungsspiele (Theater, Pantomime, Schminkspiele)

Ziele: Spaß an Darstellungsformen entwickeln und deren Vielfältigkeit erleben; Sicherheit in der (Selbst-)Darstellung erlangen; die eigene Körpersprache wahrnehmen und gezielt einsetzen lernen.

Gruppengröße: 8–16.

Dauer: abhängig von Art und Umfang.

Material: diverse Kleidungsstücke, Hüte, Brillen, Masken, Tische, Stühle, Kleinrequisiten, (Theater-)Schminke, Vaseline/Fettcreme, Papierhandtücher, Spiegel, Musik(instrumente).

Vorbereitung: *siehe Rollenspiel (M 16):* Bevor evtl. vor größerem Publikum (z.B. anderen Mädchengruppen oder Eltern) aufgetreten werden soll, ist es sinnvoll, vor einem kleinen, vertrauten Kreis zu spielen, um so Ängste und Hemmungen abzubauen. Gleiches gilt für Aktionen im Freien (z.B. beim Unsichtbaren Theater, s.u.). Darstellungsspiele können aber auch interessant sein, wenn sie innerhalb der Gruppe aufgeführt werden.

Durchführung:

a) Theater

Zu einem ausgesuchten Thema können die Mädchen entweder einen Text schreiben (bzw. sich an einem vorliegenden Text orientieren) oder spontan Ideen, Gedanken etc. auf der Bühne einstudieren bzw. darstellen. Nach Vorlieben sollten die Rollen zunächst verteilt werden: Schauspielerinnen, Maskenbildnerin, Regisseurin, Zuschauerin u.a. Es erweist sich als fruchtbar, die Rollen mehrfach zu besetzen bzw. zu wechseln. Wie beim Rollenspiel werden bestimmte Rollen in einem Handlungsgeschehen dargestellt; allerdings ist hier neben der Auseinandersetzung mit dem Thema das Publikum bzw. der nicht mitspielende Teilnehmerinnenkreis ein wichtiger Faktor. Sie sind Stimmungsbarometer für die Akteurinnen (Applaus, Buh-Rufe etc.). Die Teamerin sollte in jedem Fall für ausreichend positive Anerkennung sorgen, d.h. der Vorführmut sollte ausgiebig honoriert werden. Sehr lustig und aufschlußreich ist das mehrfache Wiederholen einer gleichen Spielszene mit unterschiedlicher Regieanweisung. Zunächst wird eine bestimmte Szene oder ein Thema vorgegeben.

Beispiele:

– Eine Frau stellt sich in einem Büro ihrer neuen Chefin vor.
– Ein Mädchen bereitet sich auf die Disco/ein Rendezvous vor.

Die Mädchen müssen nun die ausgewählte Situation immer mit unterschiedlicher Regieanweisung vorspielen. Beispiele: »Spielt die Situation in Zeitlupe!« »Spielt die Situation ganz hektisch!« Oder: »Stellt die Rollen dramatisch/albern/starr/überspitzt/laut/leise dar!«

Weitere Themen: »Mode – gestern, heute, morgen«; – »Großmütter – Mütter – Enkeltochter«.

Variation: *Unsichtbares Theater:* Nach vorheriger Absprache unter den Mädchen wird ›Lebenstheater‹ an ausgewählten Orten (z.B. auf der Straße, im Café etc.) gespielt. Dabei werden die Reaktionen der Menschen beobachtet und getestet.

b) Pantomime

Ohne zu sprechen und Geräusche zu machen, soll eine Situation oder Handlung vorgespielt werden. Es können auch zu einem ausgewählten Thema entsprechende Begriffe pantomimisch dargestellt werden. In der Regel müssen die restlichen Teilnehmerinnen das Dargestellte erraten.

Bei der Durchführung gibt es verschiedene Strukturmöglichkeiten:

c) Ratepantomime

– Die Teamerin schreibt Begriffe, Sprichwörter etc. auf je einen Zettel und läßt die Teilnehmerinnen die Begriffe vorspielen. Die Zuschauerinnen raten den Begriff.

– Untergruppen schreiben Begriffe auf je einen Zettel und lassen eine Teilnehmerin der anderen Gruppe den Begriff vorspielen. Die Gruppenmitglieder der darstellenden Person müssen den Begriff raten (evtl. mit Punktverteilung).

Abwandlungen bei der Durchführung lassen sich leicht – meistens von den Teilnehmerinnen selbst – finden.

Entsprechende Hilfsregeln müssen vorher festgelegt werden, z.B. es darf/darf nicht auf Gegenstände/Personen im Raum gezeigt werden, oder die Lösungsvorschläge der Zuschauerinnen dürfen/dürfen nicht kommentiert werden (»fast richtig«, »das 1. Wort stimmte«, »was ist denn der Oberbegriff davon?«).

Variation: Als Stimmungsbarometer kann auch die momentane Gefühlslage pantomimisch in der Gesamtgruppe dargestellt werden: »Drückt Euer momentanes Gefühl pantomimisch aus, d.h. mit einem entsprechenden Gesichtsausdruck oder einer bestimmten Körperhaltung. Sprecht dabei kein Wort!«

d) Schminkspiele

Schminken allein ist schon ein Vorgang, der viel Spaß bereiten kann. So können sich die Mädchen selbst »schön«/»häßlich«/»außergewöhnlich«/»abschreckend« etc. schminken oder entsprechend einer vorgegebenen Rolle (als Mann, Oma, Hexe, Flittchen etc.). Dazu benötigen die Mädchen Spiegel und entsprechendes Schminkmaterial. Wichtig ist das Benutzen einer Fettcreme als Dekorationsgrundlage. Neben herkömmlichen Kosmetikprodukten können natürlich eigene Farben hergestellt werden. Dies ist etwas aufwendiger, aber dafür sehr aufschlußreich und kreativ. An dieser Stelle kann nur auf entsprechende Literatur für die Eigenherstellung von Kosmetika hingewiesen werden. Es sei aber noch erwähnt, daß einige Produkte aus dem Alltag als Dekorationsmittel genutzt werden können (z.B. Lebensmittelfarbe für das Einfärben von Haaren) oder Bier für den richtigen Halt von Stehfrisuren).

Zu zweit lassen sich folgende Spiele durchführen:

e) Frauen-Gesichter

Eine Teilnehmerin setzt/legt sich ruhig und entspannt hin. Die Partnerin schminkt ihr das Gesicht. Mit Farbe, Symbolen, Bildern etc. können z.B. Gesichtsformen und -linien hervorgehoben werden, einzelne Sinnesorgane (Mund, Nase, Augen, Ohren, Haut) betont werden oder völlig Neues (z.B. ein 3. Auge) entwickelt werden. Anschließend stellt die Künstlerin ihr ›Werk‹ vor und kommentiert ihre Ausführung(en). Danach werden die Rollen gewechselt.

f) Ich schreib's Dir ins Gesicht

Eine Teilnehmerin setzt/legt sich ruhig und entspannt hin. Die Partnerin schminkt ihr das Gesicht. Dabei soll sie mit Farben, Symbolen, Bildern etc. ausdrücken, wie sie die Teilnehmerin erlebt und wahrnimmt: »Ich schreib's Dir ins Gesicht, wie ich Dich erlebe.«

Bevor die Sitzende/Liegende ihr Gesicht betrachtet, soll sie ihre möglichen Ängste und Unsicherheiten äußern. Nach der Betrachtung im Spiegel schließt sich ein intensiver Gesprächsaustausch zu zweit an.

Die Übung ist sehr gefühlsintensiv und darf nur in vertrauensvoller Atmosphäre durchgeführt werden.

Wichtig ist der Hinweis der Teamerin, daß das Fremdbild der Schminkerin nicht mit dem Selbstbild übereinstimmen muß. Ein Abschminken ist bei Unwohlsein sofort möglich. Anschließend erfolgt der Partnerinnenwechsel.

Für die ganze Gruppe gibt es folgendes Spiel:

g) Oh, wie bunt sind wir

Jede nimmt sich eine Farbe in die Hand und malt damit jeder Teilnehmerin eine Spur (Symbol, Bild etc.) ins Gesicht. Die Teilnehmerinnen gehen dabei durch den Raum und schminken die anderen bzw. werden selbst geschminkt. Hat jede einmal pro Teilnehmerin ihr Zeichen gesetzt, darf in den Spiegel geschaut werden ...

Weitere Themen: »Hexentreffen« – »Der sprechende Spiegel« – »Frauen aus anderen Ländern«.

Benutzte und weiterführende Literatur:

Bundesjugendwerk der AWO (Hg.), Praxismappe Spiele für Kinder, Jugendliche und Erwachsene, Bonn 1982, S. 183–207

Schenk, E. Judith, Kosmetik – Gift im Gesicht. Arbeitsmappe mit Themenschwerpunkt »Kosmetik« (Bezugsadresse: Verlag Die Schulpraxis, Oberstr. 31, 4330 Mülheim)

Hübner, Reinhard u.a., Spielräume für Gruppen. Eine Praxis der Spiel- und Theaterpädagogik, München 1985, S. 133–137, 148–155

Mathis, Franz Josef, Komm, Spiel mit, Düsseldorf 1987, S. 44–73

* * * * * * * * * *

19. Interview

Ziele: auf Menschen zugehen und mit ihnen Kontakt aufnehmen; durch gezieltes Fragen Informationen erhalten und mit diesen umgehen; sach- und personenbezogenes Fragen erlernen.

Gruppengröße: 12–20.

Dauer: 1–3 Std. (oder länger, je nach Themenstellung).

Material: Papier, Stifte, evtl. Video- oder Kassettenrecorder mit gutem eingebautem Mikrofon oder Extra-Mikrofon, ggfs. Windschutz für das Mikrofon (falls nicht schon integriert), Leerkassette und Batterien.

Vorbereitung: Wenn keine Straßenbefragung durchgeführt werden soll, sondern bestimmte Personen interviewt werden sollen, z.B. Mütter aus der Nachbarschaft, sollte die Teamerin vorher Kontakt herstellen und Termine absprechen.

Durchführung: Unabhängig davon, ob ein Interview nur mündlich oder mit Hilfe eines Kassettenrecorders oder einer Videokamera durchgeführt werden soll, müssen sich die einzelnen Reporterinnenteams (2–3 Mädchen) vorher zusammensetzen und einen gemeinsamen Fragenkatalog entwerfen. Dieser sollte nicht mehr als zehn Fragen (plus »Nach«-Fragen) enthalten, damit das Produkt, d.h. die Antworten, nicht zu umfangreich werden (und mehrere Interviews mit verschiedenen Personen hintereinander angehört werden können). Wird mit einem Mikrofon gearbeitet, sollten die Mädchen den Umgang damit und mit dem Kassettengerät/der Videokamera vorher üben, z.B. indem sie sich gegenseitig befragen, die Antworten in das Mikrofon sprechen und sich anschließend die Tonbandaufnahmen anhören und selbst beurteilen (Feedback). So können der Abstand zwischen Mikrofon und Mund, die Lautstärke, das Nacheinandersprechen und das Tempo des Interviewablaufs geübt werden. Bei Innenaufnahmen sollte ein Raum gewählt werden, der mit möglichst viel schallschluckendem Material ausgestattet ist (z.B. Teppiche, dicke Stoffvorhänge, Polstermöbel). Die Mädchen in den Reporterinnenteams sollten sich vorher über die Aufgabenverteilung einigen, wer welche Fragen stellt, wer die Technik bedient oder wer die Antworten mitschreibt. Wichtig bei der Durchführung des echten Interviews ist es, sich selbst und seine Mädchengruppe vorher vorzustellen, d.h. Namen und Institution zu nennen und die Interviewabsicht zu erläutern (ohne gleich alle Fragen im voraus zu nennen).

Variation: Fragebogen oder Filmreportage (siehe M 22).

Weitere Themen: »Vereinbarung von Familie und Beruf« (Interview mit Jungen) – »Schwangerschaft/Geburt und Mutter sein im Discoalter« (Interview mit jungen Müttern) – »Aufklärung damals« (Interview mit Großmüttern) – »Auseinandersetzung mit ArbeitskollegInnen« (Interview mit weiblichen Lehrlingen) – »Geschlechtsspezifische Arbeitsteilung im selbstverwalteten Bereich« (Interview mit MitarbeiterInnen aus Selbsthilfeprojekten).

Benutzte und weiterführende Literatur:
Bubenik, Anton/Prockl, Hans, Handbuch der aktiven Tonarbeit, Frankfurt ²1985 (Bezugsadresse: Network Mediencooperative, Hallgartenstr. 69, 6000 Frankfurt 60)

* * * * * * * * * *

20. Hörspiel

Ziel: sich spielerisch die Möglichkeiten eines Kassettenrecorders erschließen und für eigene Tonproduktionen nutzen.

Gruppengröße: 3–7 pro Kleingruppe.

Dauer: 1 Tag.

Material: 2–3 Kassettenrecorder (evtl. 1 Doppelkassettenrecorder), Überspielkabel, Batterien, Leerkassetten, Kabelrolle (wenn keine batteriebetriebenen Geräte), mindestens 1 Mikrofon, Musikkassetten/Geräuschekassetten oder Platten, Papier, Stifte.

Vorbereitung: Je nach Gruppengröße und Personalbesetzung sollte die Teamerin Mitarbeiterinnen ansprechen, die je eine Kleingruppe betreuen. Nur erfahrene Mädchen sollten in Kleingruppen allein arbeiten.
Die Beschaffung des Materials muß frühzeitig geklärt werden.

Durchführung: Bevor das Schreiben des Drehbuches in Angriff genommen wird, muß im groben eine Szenenfolge abgesprochen werden. Dabei kann in Form eines Brainstorming vorgegangen werden, und die besten Ideen werden inhaltlich miteinander verbunden. Ein Oberthema (z.B. »Sex im Jahr 2000«) oder eine Ausgangsfrage müssen die Leitidee bilden. Die einzelnen Szenen werden dann umgesetzt in Dialoge (nicht zu lang) und Geräusche bzw. Musik. Mit Musik kann z.B. übergeleitet werden zu anderen Szenen. Sie kann aber auch leise unterlegt werden, wenn ein Mädchen seine Rolle spricht. Geräusche können von einer Geräusche-Schallplatte eingespielt und/oder auch phantasievoll selbst gemacht werden, z.B. das Gehen über einen Kiesweg (Säckchen mit Reis kneten), das Plätschern von Wasser, quietschende Räder (alten Kleiderbügel drehen), Wind und Sturm (ins Mikrofon blasen), laufendes Pferd (Kokosnußschalen aneinander schlagen) usw. Wichtig ist es, bei allen Aufnahmen möglichst alle Nebengeräusche zu vermeiden, da sonst die eigentlichen Töne zu stark gestört werden, und sich einen schallgedämpften Aufnahmeraum zu suchen (Teppichboden, viele Polstermöbel, Fenster mit dicken Stoffvorhängen abdecken etc.), da der Raumhall bei den Tonbandaufnahmen sehr störend ist. Die Teamerin sollte darauf achten, daß jedes Mädchen in der Gruppe eine Sprecherinnenrolle erhält.
Vor der endgültigen Aufnahme sollten alle Szenen mehrmals geübt werden – sowohl der Text wie das Sprechen in die Mikrofone und der Ablauf der Szenen. Das Drehbuch sollte dann Stück für Stück in Tonform umgesetzt werden. Wenn 3 Kassettenrecorder vorhanden sind, können zunächst die gesprochenen Teile auf eine Kassette aufgenommen werden, die Musik und die Geräusche auf eine zweite Kassette. Auf eine dritte Kassette wird dann die erste und zweite Kassette zusammen oder nacheinander aufgenommen. Wenn nur 2 Kassettenrecorder vorhanden sind, muß auf die Leerkassette der gesprochene Text zum Teil (je nach Drehbuch) gleichzeitig mit der Musik (von einem zweiten Kassettenrecorder per Überspielkabel) bzw. den Geräuschen aufgenommen werden.

Variation: Interview (M 19); Spurensicherung (M 26) bzw. Tondokumentation.

Weitere Themen: »Wenn ein Mädchen spät nach Hause kommt« – »Live in der Disco« – »Ich will Automechanikerin werden« (Gespräch mit der Familie am Mittagstisch) – »Urlaub zu zweit oder mit Eltern«.

Benutzte und weiterführende Literatur:
Gemeinschaftswerk der evangelischen Publizistik (Hg.), Medien praktisch. Zeitschrift (Bezugsadresse: Friedrichstr. 2–6, 6000 Frankfurt 17)

* * * * * * * * * *

21. Ton-Dia-Show

Ziel: Personale und soziale Themen audiovisuell aufbereiten und einem Publikum präsentieren.

Gruppengröße: 6–12.

Dauer: mehrere Tage.

Material: Fotoapparat, Diafilm, Diarahmen, Diaprojektor, 1–2 Kassettenrecorder, Leerkassetten, Musik, evtl. Klarsichtfolie/Pergamentpapier, Stifte, Kerze.

Vorbereitung: evtl. eine fertige Ton-Dia-Show besorgen und ansehen (siehe Literaturhinweise).

Durchführung: Ähnlich wie beim »Hörspiel« (siehe M 20) werden zunächst per Brainstorming die besten Ideen für eine Szenenfolge gesammelt. Bevor jedoch der genaue Text, die Musik etc. als »Dreh«-Buch geschrieben werden, werden die Fotos (Diafilm) zu den einzelnen Szenen geschossen. Je nach Länge der Geschichte und der Entfernung der Aufnahmeorte haben die Mädchen hier 1–6 Tage Zeit für die Fotoaktion. Sind die Dias entwickelt und gerahmt, werden wiederum die besten/passendsten ausgewählt. Erst dann werden mehrere Bilder pro Szene zusammengestellt und ein(e) entsprechende(r) Text/Musik dazu geschrieben und auf Kassette gesprochen. Die Dauer der gezeigten Dias muß mit der Länge des Textes/der Musik abgestimmt werden. Es sollte darauf geachtet werden, daß die Dias nicht zu kurz gezeigt werden, weil z.B. wenig Text vorhanden ist. Bei der Vorführung müssen mindestens zwei Mädchen (die, die den Kassettenrecorder, und die, die den Diaprojektor bedient) ein sogenanntes »storyboard« (siehe folgende Seite) zur Hand haben, damit sie wissen, ab welchem Stichwort (evtl. Piepton einspielen) Musik einsetzt bzw. das Diamagazin weitertransportiert werden muß.

Variation: Es läßt sich auch mit selbstangefertigten Schrift-Dias und Ruß-Dias arbeiten. Passend zu ihrem ausgewählten Thema beschriften oder bemalen die Mädchen ihre Dias selbst. Klare Plastikfolie (für Filzstifte) oder Pergamentpapier (für Bleistifte) können beliebig gestaltet und auf Diaformat (24 × 36 mm) zurechtgeschnitten werden. So könnte z.B. eine eigene Comic-Show entwickelt werden. Bei Ruß-Dias müssen leere Dias über einer Flamme geschwärzt werden. Mit spitzen Gegenständen (Stricknadel, Nagel oder Heftklammer) können dann gewünschte Formen und Bilder eingekratzt werden.

Weitere Themen: »Sexistische Werbung? – Nein danke!« – »Der Weg zur Frauenärztin – gar nicht so schlimm.« – »Was wir fühlen, was wir denken, was wir wollen. Eine Mädchengruppe stellt sich vor.« – »Berufe, die kaum ein Mädchen kennt.«

Benutzte und weiterführende Literatur:

Biere, Julien K., Ton und Dia. Ein Handbuch zur Medienarbeit, Wuppertal 1983

Eichelkraut, Rita/Reverdin, Marie Claude/Savier, Monika, Ein-Tritt ins Leben. Eine Ton-Dia-Show aus dem Alltag von Mädchen, in: 4. Sommeruniversität der Frauen (Berlin 1979), hg. vom Autorinnenkollektiv, Berlin 1981

Bundeszentrale für gesundheitliche Aufklärung, Köln (Hg.), Die Disco Dia Show (Dias, Kassette und Begleitbuch)

Mädchengruppe »Flotte Motte«, Neue Männer braucht das Land – oder was? (Dias und Kassette) (Bezugsadresse: Ev. Kinderheim Heisterkamp, 4680 Wanne-Eickel)

Progressiver Elternverband (PEV), Die Rolle von Frauen in Schulbüchern (Dias, Kassette und Begleittext) (Bezugsadresse: PEV, Hohenstauffenallee 1, 4650 Gelsenkirchen)

storyboard-Vorlage

Dia-Nr.	Diabeschreibung	Ton (Text/Musik/Geräusche)

* * * * * * * * * *

22. Filmreportage

Ziele: Spaß haben und Sicherheit gewinnen im Umgehen und Bedienen audiovisueller Medien; eigener Kreativität medial Ausdruck verleihen; Wirkungsweise des Produkts bei sich und anderen überprüfen.

Gruppengröße: 3–4 Technikerinnen/Schauspielerinnen nach Bedarf.

Dauer: mehrere Tage.

Material: Videorecorder, -kamera (portable), Mikrofon, Akkus, Videokassetten, Kopfhörer, Stativ, Papier, Stifte, evtl. Scheinwerfer, bei Außenaufnahmen Windschutz.

Vorbereitung: Falls notwendig, muß die Teamerin rechtzeitig die benötigten Geräte vorbestellen und ausleihen, z.B. bei der Stadtbildstätte, VHS oder beim Jugendamt. Dort kann sie sich auch bei Bedarf in die Technik einweisen lassen. Eventuell läßt sich eine fertige Filmreportage ansehen und besprechen.

Durchführung: Zunächst sollten sich die Mädchen spielerisch mit der angewandten Technik und den filmerischen Gestaltungsmöglichkeiten vertraut machen. Ähnlich wie beim Hörspiel (M 20) muß für die Filmreportage dann ein Konzept überlegt werden.
Kleingruppen (3–4) sollten sich überlegen:
– Welche Informationen wollen sie darstellen, wo sollen Kommentare einfließen?
– Wo soll dies mit Bildern, wo mit Sprache erreicht werden?
– Wo soll Sprache als Originalton (z.B. in Form von Interviews) vorkommen, wo nachträglich eingespielt werden?
– Mit welchen Mitwirkenden (z.B. GesprächspartnerInnen, InstitutionsmitarbeiterInnen) müssen Termine abgesprochen werden?
– Wie soll ein roter Faden realisiert werden (z.B. Moderatorin)?
Für die eigentlichen Aufnahmen sind u.a. folgende Punkte zu beachten: Lichtverhältnisse (Lichtstärke, warmes oder kaltes Licht, natürliches oder künstliches Licht etc.), Tonverhältnisse (Lautstärke, Umweltgeräusche, Raumhall etc.), Schärfentiefe (z.B. »Ausblenden« störender Bildinformationen), Vordergrund/Hintergrund, Stativ oder Freihand (möglichst nicht für Anfängerinnen), ruhige Kameraschwenks und möglichst wenig und langsames Zoom (außer für Spezialeffekte). Falls der Film nachträglich geschnitten werden soll, kann ein Videostudio (ggfs. beim Jugendamt nachfragen) aufgesucht werden. Beim Schneiden bzw. bei der Aufnahme muß beachtet werden, daß die Szenen weder zu kurz noch zu lang geraten, da dies ermüdend oder langweilig wirken kann. Bei einer ersten Filmreportage ist es sinnvoll, wenn die Mädchen eine Filmlänge von 15 Minuten nicht überschreiten.
Bei der Aufgabenverteilung sollte darauf geachtet werden, daß die Mädchen ihre Rollen (Kamerafrau, Regisseurin etc.) wechseln. Nach Fertigstellung des Films sollte dieser gemeinsam reflektiert werden. Dabei sind nicht nur inhaltliche Aspekte interessant, sondern auch das Verhalten der Mädchen untereinander während der Filmaufnahmen (»hinter den Kulissen«).

Variation: (Informations-)Broschüre oder Zeitung herstellen (siehe Literaturhinweis).

Weitere Themen: »Frauen in Leitungspositionen« – »Alltäglicher Wettkampf in Sport, Beruf und Partnerschaft« – »Unsere Mädchengruppe stellt sich vor« – »Idealziel Mutter«.

Benutzte und weiterführende Literatur:

Stock, Walter, Film und Video, Jugendarbeit in der Praxis. Ein Handbuch, München 1987

Biere, Julien K., Ton und Dia. Ein Handbuch zur Medienarbeit, Wuppertal 1983

Bezirksjugendring Oberpfalz, Videomachen (Die Broschüre ist gegen einen Unkostenbeitrag von 4 DM plus 1 DM Porto beim Bezirksjugendring Oberpfalz, Hoppestr. 6, 8400 Regensburg erhältlich.)

Deutscher Paritätischer Wohlfahrtsverband (Hg.), Wir machen Druck, selbst gestalten – selber texten. Arbeitshilfe 2 (Bezugsadresse: DPWV – Landesverband NRW, Loher Str. 7, 5600 Wuppertal 2)

Jugendfilmclub Köln, Medieninformationszentrum e.V. (Hg.), Medien konkret. Zeitschrift (Bezugsadresse: Medieninformationszentrum e.V., Hansaring 82–86, 5000 Köln 1)

Werner, Marie, Ein Blick – Durchblick – Weit Blick. Videoarbeit mit Mädchen. Erfahrungsbericht über das Modellprojekt ›Mädchenbildung‹, Berlin 1987 (Bezugsadresse: Wannseeheim für Jugendarbeit, Hohenzollernstr. 14, 1000 Berlin 39)

* * * * * * * * * *

23. Markt der Möglichkeiten

Ziele: eigene Fähigkeiten und Fertigkeiten erkennen und fordern; Freude an selbstorganisiertem Lernen entwickeln.

Gruppengröße: 6–20.

Dauer: je nach Thema und Aufgabe sehr unterschiedlich.

Material: Papier(zettel), Stifte, div. Material je nach Angebot, Tesa.

Vorbereitung: Ort und Raumgröße rechtzeitig festlegen.

Durchführung: Die Mädchen werden aufgefordert, einmal zu überlegen, was ihnen Spaß macht und in welchen Situationen sie sich stark fühlen, z.B. wenn sie ein Instrument spielen, beim Tanzen, Zaubern, Basteln, Werken, bei der Selbstverteidigung etc.
Dabei kann es sich um Fähigkeiten, Fertigkeiten oder Kenntnisse aus beliebigen Sachgebieten handeln. Jede für sich entscheidet sich nun für eine Vorliebe, die sie gerne den anderen Mädchen nahebringen würde, wobei der jeweiligen Methode keine Maßstäbe gesetzt werden. So kann das Mädchen die restlichen Teilnehmerinnen z.B. um sich versammeln, locker von seinen Erfahrungen etc. erzählen (Was interessiert mich an dem Thema/Hobby? – Wie bin ich dazu gekommen? – Was weiß ich schon? – Was kann ich schon? usw.) und/oder die Mädchen animieren, unter ihrer Anleitung gemeinsam ihrem Interessensgebiet nachzugehen. Die Leitung hat hier allein das Mädchen, die Teamerin nimmt als Teilnehmerin teil.

Hat sich jedes Mädchen für eine Fertigkeit entschieden, die es anbieten will, so schreibt es das Thema auf einen kleinen Zettel (ohne Namensangabe). Diese werden von der Teamerin eingesammelt und an die Wand geklebt. Sie muß nun entscheiden, welche Angebote an diesem Tag und welche an späteren Terminen (zwecks Materialbeschaffung etc.) wahrgenommen werden können.

Es gibt die Möglichkeit, speziell bei größeren Gruppen Parallelveranstaltungen anzubieten. Ansonsten kann gemeinsam ein »Kursplan« entworfen werden. Bei der Auswahl der Möglichkeiten sollen sich die Mädchen ausschließlich an den Angeboten orientieren und nicht an den Mädchen, die diese Angebote leiten, d.h. die Namen werden erst am Schluß bekanntgegeben. Wichtig ist, daß alle Mädchen etwas anbieten. Bei Doppelangeboten können entweder Alternativen gesucht oder eine gemeinsame Veranstaltung durchgeführt werden. Insgesamt sollten weniger Leistungsdruck als Spaß und Lust spürbar sein.

Variation: Für jüngere Mädchen kann die Aktion in Zirkusform ablaufen, wobei die Teamerin Helferin beim Organisieren etc. ist.

* * * * * * * * * *

24. Besuche und Erkundungen

Ziele: Kennenlernen der lokalen und regionalen Einrichtungen, Institutionen, Projekte, Betriebe etc. und Sammeln von Informationen; Fördern von Eigeninitiative und Überwinden von Schwellenangst.

Gruppengröße: 6–14.

Dauer: ½–1 Tag.

Material: Papier/Hefte, Stifte, evtl. Fotoapparat und/oder Kassettenrecorder mit Mikrofon.

Vorbereitung: Mindestens 4–6 Wochen vor einer Besichtigung sollte die Teamerin (oder ein Mädchen) telefonisch, vor allem aber auch schriftlich den Gruppenbesuch anmelden, mit Angabe der Gruppengröße, mehreren Terminwünschen (incl. Zeitangabe) und gewünschten Gesprächspartnern/innen (evtl. Wunsch nach Dolmetscherin für ausländische Mädchen angeben).

Es sollte in dem Anschreiben eigens darauf hingewiesen werden, wenn von den Mädchen eine Diskussion (mit vorbereiteten Fragen) gewünscht wird. In der Regel sind solche Erkundungen, besonders bei großen Betrieben und Institutionen, häufig dann ermüdend, wenn nur ein Vortrag gehalten wird. Nach Möglichkeit sollten einige schriftliche Informationen über die zu besuchende Einrichtung/Institution vorher gesammelt werden, um auf dieser Basis weitergehende Fragen an die beschäftigte/n Person/en richten zu können. Persönliche Besuche bieten die Chance, manchmal realitätsferne (Amts-)Personen (da schon lange in einer Bürokratie) durch eigene Erfahrungsberichte auf Problembereiche zu stoßen und zu Veränderungen anzuregen. Mit der ganzen Gruppe sollten also die gesammelten Informationen bearbeitet werden, um daraus gemeinsam (in Kleingruppen) Fragen zu formulieren. Die Mädchen sollten sich auch schon vorher überlegen, wer die Fragen – besonders in der Anfangssituation – stellen will. Und nicht zuletzt muß vorher entschieden werden, wer von den Mädchen die Mädchengruppe vorstellt, ihre Aktivitäten und Ziele (Selbstdarstellung üben).

Es sollte noch vorher gefragt werden, ob eine Fotografieerlaubnis notwendig ist. Die Teamerin muß sich rechtzeitig vor dem Verlassen der Mädchen-Einrichtung um Versicherungsschutz, Elternerlaubnis etc. kümmern.

Durchführung: Um ein schulmäßiges Vorgehen und Erarbeiten zu vermeiden, sollten die Mädchen möglichst viel vor Ort erfragen, ergehen, erkunden und erfahren. In der Regel sind die Befragten in Ämtern und Institutionen um so auskunftsfreudiger, je neugieriger die Mädchen sich verhalten. Die Mädchen sollten dazu angeregt werden, sich evtl. Notizen zu machen.

Unmittelbar nach der Besichtigung sollten die Mädchen das Gesehene oder Gehörte austauschen können. Dabei können sie/oder die Teamerin die wesentlichsten Eindrücke auf einer Wandzeitung festhalten. Wenn Fotos gemacht worden sind, könnten diese zusammen mit der Wandzeitung schon die Grundlage für eine kleine Dokumentation (Fotoausstellung, Zeitung, Plakat etc.) sein.

Variation: Vertreter/innen aus Institutionen/Betrieben/Projekten etc. werden in die Mädchengruppe eingeladen.

* * * * * * * * * *

25. Blitzlicht/Feedback

Ziel: die emotionale und gedankliche Beteiligung der Teilnehmerinnen erkunden.

Gruppengröße: 8–16.

Dauer: ca. 15–30 Min.

Material: Zettel, Stifte, evtl. Wandzeitung, evtl. Bongo oder Trommel.

Vorbereitung: »Blitzlicht« wird eine kurze »Wie-geht's-Dir«-Runde genannt. Abwechselnd teilen sich die Mädchen untereinander mit, wie sie sich im Moment/nach dieser Übung fühlen, wo ihre Gedanken sind oder was sie weiter wünschen/vorschlagen. »Feedback« heißt Rückmeldung. Feedback kann auf eine Übung/Übungsfolge, auf die Teamerin oder auf die Teilnehmerinnen bezogen werden.

Durchführung: *»Blitzlicht«:* Ein Blitzlicht kann z.B. in Form eines Wetterberichts gehalten werden. Auf die Frage »Wie geht es Dir?« kann mit »sonnig« oder »heiter bis wolkig« u.ä. geantwortet werden. Eine andere interessante Austauschmöglichkeit ergibt sich mit/auf einer Trommel oder einem Bongo. Eine kurze Trommeleinlage spiegelt die momentane Gefühlsverfassung wider. Die Reihenfolge der Mitteilungen kann beliebig oder vorgeschrieben (im Uhrzeigersinn) verlaufen.

Die Mädchen werden aufgefordert, mündlich oder schriftlich positive und/oder negative Kritik zu äußern. Mögliche Anleitungsfragen sind:
– Was gefiel mir? Was gefiel mir nicht?
– Was nehme ich mit – was lasse ich hier?
– Was ich Dir schon immer (einmal) sagen wollte?

Die Reflexion kann auch mit Hilfe von vorgegebenen Symbolen auf einer Wandzeitung erfolgen. Beispiele für die Symbole:

gefiel mir   war für mich fruchtbar   konnte schlecht darüber reden

Variation: Die Teilnehmerinnen schreiben einen fiktiven Brief an ihre Freundin und lassen die Veranstaltung Revue passieren. Anschließend können die Briefe freiwillig vorgelesen werden oder später von der Teamerin zugeschickt werden.

Weitere Themen: »Mein momentanes Gefühlsbild« (Aufmalen) – »Was wollen wir beim nächsten Treffen besprechen, machen, planen etc.?« – »Abschied von der Mädchengruppe«.

Benutzte und weiterführende Literatur:
Schwäbisch-Siems, Martin, Anleitung zum sozialen Lernen, Frankfurt 1978

* * * * * * * * * *

26. Spurensicherung

Ziele: aufarbeiten dessen, was die Mädchen als Gedankengut und Erfahrungswert sichern bzw. festhalten wollen; systematisches Arbeiten mit den unterschiedlichsten Medien.

Gruppengröße: 3–10.

Dauer: über mehrere Wochen.

Material: Schreibzeug, Kassettenrecorder, Mikro, Fotoapparat, evtl. Video-Aufzeichnungsgerät.

Medien: Büchereien, Zeitzeugen, Zeitschriftarchive etc.

Vorbereitung: siehe M 24.

Durchführung: Bei der Methode der Spurensicherung soll es vor allem darum gehen, die Dinge, die den Mädchen wichtig sind, zu sichern, sie also in Wort, Bild und Ton festzuhalten.

Ursprünglich kommt diese Methode aus der Pfadfinderei, in der es darum geht, die Spur zu sichern, den Weg/Verlauf festzuhalten.

Einige Grundfragen dabei können sein:

– Warum ist das so? (Wer könnte die Antwort wissen?)
– Wo liegt der Anfang? (Wer hatte zuerst die Idee und warum?)
– Wer ist Zeitzeuge und kann uns noch Auskunft geben? (War es wirklich so?)
– Wohin führt uns die Spur? (Ist der damalige Ansatz heute noch zu bemerken, oder aus welchem Grund gab/gibt es Abweichungen von der Idee?)

Diese Methode auch in der Mädchenarbeit einzusetzen ist dann möglich, wenn es darum geht, sich der weiblichen Geschichte anzunähern.

Als Beispiel wären hier zu nennen:

– »Schönheitsideale im Wandel der Zeit«.
– »Wie gingen unsere Großmütter mit ihrer ersten Liebe um?«
– »Frauen in der Geschichte – als Hexen ... als Handwerksmeisterinnen?«

Zeitzeuginnen, alte Filme, alte Zeitschriften oder gar Archivmaterial helfen dabei, den eigenen Fragen auf die Spur zu kommen – und dann diese mit Mitteln, die den Mädchen zur Verfügung stehen, festzuhalten und an andere Interessierte weiterzugeben.

Anhang

1. Adressen von Fort- und Ausbildungsinstitutionen

Will-International
(Themenzentrierte Interaktion)
c/o Thomas Becher
Schöngrundweg 11
CH-4144 Arlesheim
Tel. 0041-61/722814

Institut »heel«
(Gestaltpädagogik und -therapie)
postbus 5
NL-5366 ZG Megen
Tel. 0031-41/22798, di. 9–12 Uhr

Odenwald-Institut
Auf der Tromm 25
6948 Kocherbach

Akademie Remscheid
(Spiel- und Medienpädagogik)
Küppelstein 34
5630 Remscheid

Institut für Sexualpädagogik Dortmund
Postfach 104117
4600 Dortmund
Tel. 0231/816584

2. Methoden

M 1:	Bewegungs- und Kontaktspiele
M 2:	Namensspiele
M 3:	Kennenlernspiele
M 4:	Gruppenaufteilungsmöglichkeiten
M 5:	Körper- und Entspannungsübungen
M 6:	Verteilungskuchen und Persönlichkeitsräder
M 7:	Bildcollagen
M 8:	Malaktion
M 9:	Arbeiten mit Gips
M 10:	Brainstorming
M 11:	Schweigediskussion
M 12:	Metapherübungen
M 13:	Diskussionsspiele
M 14:	Fragebox
M 15:	Ratespiele und Erkundungs- und Suchspiele
M 16:	Rollenspiel
M 17:	Planspiel
M 18:	Darstellungsspiele (Theater, Pantomime, Schminkspiele)
M 19:	Interview
M 20:	Hörspiel
M 21:	Ton-Dia-Show
M 22:	Filmreportage
M 23:	Markt der Möglichkeiten
M 24:	Besuche und Erkundungen
M 25:	Blitzlicht/Feedback
M 26:	Spurensicherung

Persönliche Notizen

Persönliche Notizen

Persönliche Notizen

Persönliche Notizen

MARTHA
**Psychotherapie eines Mädchens
nach sexuellem Mißbrauch**

von Elke Garbe

Martha ist 8 Jahre alt, als sie ihre Therapie beginnt. Über 4 Jahre hat ihr Vater sie brutal sexuell mißbraucht und bedroht. Erst als Marthas Vater wegen eines anderen Deliktes inhaftiert wird, bringt das Mädchen den Mut auf, sich ihrer Mutter anzuvertrauen. Marthas Weg vom verängstigten Kind zur selbstbewußten Jugendlichen, die mit ihrer Vergangenheit leben und in die Zukunft blicken kann, beginnt.

Elke Garbe ist Therapeutin in Hamburg. Dreieinhalb Jahre hat sie mit Martha gearbeitet. Das Buch schildert einfühlsam und parteilich die Entwicklung vom ersten Praxisbesuch bis zur letzten Therapiestunde. Es macht Betroffenen Mut, professionelle Hilfe anzunehmen. Durch die vielen dezidierten Beschreibungen der konkreten Methoden therapeutischer Arbeit ist es aber auch ein spannendes und qualifiziertes Fachbuch für PädagogInnen und PsychologInnen.

Es ist Elke Garbe nicht nur gelungen, am Beispiel Marthas die Bewältigung solcher traumatischen Kindheitserlebnisse zu beschreiben, sondern gleichzeitig Einblick in den Prozeß professioneller Hilfe als solchen zu gewähren.

Das Buch leistet konkrete Unterstützung für die, die Hilfe brauchen ebenso wie für die, die sie anbieten.

ca. 140 Seiten, illustriert, ca. 28 DM, ISBN 3-926549-49-1

Soziale Praxis, Heft 12
SEXUELLE GEWALT UND JUGENDHILFE

von Luise Hartwig und Monika Weber

In diesem Heft werden von den Autorinnen die Dimensionen der sexuellen Gewalt und ihre Folgen für das Leben von Mädchen und Jungen dargestellt.

Am Beispiel der Großstadt Köln werden problemzentrierte Hilfsangebote beschrieben, wobei nach der Beteiligung der eher allgemein zuständigen Jugendhilfsdienste und –einrichtungen gefragt wird bzw. diese aufgezeigt werden.

Ausgangspunkt ist die Grundforderung nach Parteilichkeit der Jugendhilfe für Mädchen und Jungen mit sexuellen Gewalterfahrungen. Hiervon werden Forderungen an ein problemadäquates Netz von Jugendhilfeangeboten entwickelt und konkrete, praxisnahe Empfehlungen für die Jugendhilfepolitik in der Kommune gemacht.

127 Seiten, 20 DM, ISBN 3-926549-47-5

MOTIV LIEBE

hrsg. von Gabriele Bültmann

Motiv Liebe – nicht der Titel eines Krimis, sondern ein Bildband voll spannender, witziger, geheimnisvoller und auch nachdenklicher Schwarzweißfotografien.
Das besondere daran: Fotografiert, gearbeitet und diskutiert über dieses heimliche Thema Nr. 1 haben ausschließlich Mädchen.
So entstand eine Ausstellung, die Sehweisen, Einstellungen, Sehnsüchte, Träume und auch Ängste dieser jungen Frau in puncto Liebe, Freundschaft, Sexualität widerspiegelt.

ca. 60 Seiten, ca. 25 DM, ISBN 3-926549-51-3

EINDEUTIG – ZWEIDEUTIG
Mädchen – Sexualität – Jugendhilfe

von Monika Friedrich und Gitta Trauernicht

Mädchensexualität – was ist das? Wie entwickelt sie sich, welchen Gefährdungen ist sie ausgesetzt, und welche Anregungen lassen sich daraus ableiten? Anhand authentischer Beispiele wird die Problematik von Mädchen–Sexualität in Krisenphasen offengelegt. Exemplarisch beantworten die Autorinnen die Fragen nach einer mädchenspezifischen Arbeit in der Jugendhilfe im Hinblick auf Mädchen–Sexualität und ihre Gefährdungen.

120 Seiten, illustriert, 24,80 DM, ISBN 3-926549-48-3

OFFENSIVE MÄDCHENARBEIT IN DER JUGENDBERUFSHILFE

von Karin Linde, Ulrike Werthmanns–Reppekus und Gitta Trauernicht

Der Band enthält die Ergebnisse eines zweijährigen Modellprojektes, das das Paritätische Jugendwerk im DPWV-Landesverband Nordrhein-Westfalen e.V. zum Themenkomplex "Qualifizierung zur Mädchenarbeit in der Jugendberufshilfe" durchführte.
"Offensive Mädchenarbeit in der Jugendberufshilfe" ist eine wichtige Arbeitshilfe für PraktikerInnen in Einrichtungen, Institutionen und Verbänden, die sich mit den Problemen und Fragestellungen einer qualifizierten Jugend(berufs)hilfe befassen.

160 Seiten, 19,80 DM, ISBN 3-926549-24-6

In der Reihe "MÜNSTERANER SCHRIFTEN ZUR SOZIALPÄDAGOGIK" sind erschienen

Band 1
§ 218 – DAS RECHT DER FRAU IST UNTEILBAR
von Ursula Saatz

Es ist wieder lauter geworden um den alten § 218, der durch den deutsch-deutschen Wiedervereinigungsprozeß zusätzliche Brisanz erlangt hat.
Mit diesem Buch wirft die Autorin einen Blick zurück auf einen alten Kampf um diesen Paragraphen. Eindringlich und engagiert werden hier die Auswirkungen eines Gesetzes auf den Lebensalltag von Frauen geschildert. Die Voraussetzungen und Umstände, die dazu führten, daß sich aus der Kontroverse um den § 218 eine Massenbewegung entwickelte, werden ebenso untersucht wie die unterschiedlichen Motivationen und Interessenlagen der einzelnen Gruppen und Initiativen gegen das Abtreibungsverbot, die zum Teil in den heutigen Auseinandersetzungen wieder eine Rolle spielen.

123 Seiten, 21 DM, ISBN 3-926549-37-8

Band 2
MÄDCHEN UND TECHNIK
Neue Benachteiligungen durch neue Technologien
von Margit Berndl

Mädchen und Frauen werden an ihren Ausbildungs- und Arbeitsplätzen in immer stärkerem Maße mit dem Einsatz neuer Technologien konfrontiert. Dieser Entwicklung wird in der Jugendberufshilfe bislang nicht angemessen Rechnung getragen.
In diesem Buch untersucht die Autorin die Veränderungen in der weiblichen Erwerbstätigkeit, die Auswirkungen der neuen Technologien auf den Arbeitsmarkt und die Ursachen für das geringe Interesse von Mädchen an einer technikorientierten Ausbildung. Ausführlich wird so die Notwendigkeit mädchenorientierter Praxisansätze in den berufsbezogenen Angeboten der Jugendhilfe begründet.
Aus den Ergebnissen entwickelt die Autorin ein Anforderungsprofil für eine Jugendberufshilfe, die die berufliche Integration von Mädchen vor dem Hintergrund der technologischen Entwicklung gezielt unterstützen will, und sie beschreibt einige Beispiele für gelungene Versuche.

90 Seiten, 14,80 DM, ISBN 3-926549-38-6

AUFSICHTSPFLICHT UND HAFTUNG
IN DER KINDER- UND JUGENDARBEIT

von Udo Sahliger

Diese Praxishilfe zeigt die relevante Gesetzgebung und Rechtsprechung vollständig und systematisch auf, die für das Feld der Kinder- und Jugendarbeit von Bedeutung sind.
Plastische Fall- und Praxisbeispiele verdeutlichen anstehende Rechtsfragen und -probleme, wie sie bei der alltäglichen Arbeit mit Kindern und Jugendlichen immer wieder auftauchen.

128 Seiten, 16,80 DM, ISBN 3-926549-16-5

BERATUNG, BETREUUNG, ERZIEHUNG UND RECHT
Handbuch für Lehre und Praxis

von Johannes Münder

Rechtliche Bestimmungen sollen nicht Leitlinien pädagogischer oder beraterischer Überlegungen, sondern nur Grenzlinien des jeweiligen Handelns darstellen: Das ist das Anliegen dieses vom Sozialpädagogischen Institut SOS-Kinderdorf e.V. herausgegebenen Buches.
Es will zur Reflexion der eigenen erzieherischen oder beraterischen Praxis herausfordern und dazu beitragen, sich im Spannungsfeld zwischen Beratung, Betreuung, Erziehung und Recht souverän bewegen zu können.

220 Seiten, 26,80 DM, ISBN 3-926549-35-1